essentials

W0017898

essentials liefern aktuelles Wissen in konzentrierter Form. Die Essenz dessen, worauf es als „State-of-the-Art" in der gegenwärtigen Fachdiskussion oder in der Praxis ankommt. *essentials* informieren schnell, unkompliziert und verständlich

- als Einführung in ein aktuelles Thema aus Ihrem Fachgebiet
- als Einstieg in ein für Sie noch unbekanntes Themenfeld
- als Einblick, um zum Thema mitreden zu können

Die Bücher in elektronischer und gedruckter Form bringen das Fachwissen von Springerautor*innen kompakt zur Darstellung. Sie sind besonders für die Nutzung als eBook auf Tablet-PCs, eBook-Readern und Smartphones geeignet. *essentials* sind Wissensbausteine aus den Wirtschafts-, Sozial- und Geisteswissenschaften, aus Technik und Naturwissenschaften sowie aus Medizin, Psychologie und Gesundheitsberufen. Von renommierten Autor*innen aller Springer-Verlagsmarken.

Weitere Bände in der Reihe https://link.springer.com/bookseries/13088

Timo Sedelmeier · Olaf Kühne ·
Corinna Jenal

Foodscapes/ Nahrungslandschaften

Eine Bestandsaufnahme

 Springer VS

Timo Sedelmeier
Forschungsbereich Geographie
Universität Tübingen
Tübingen, Deutschland

Olaf Kühne
Forschungsbereich Geographie
Universität Tübingen
Tübingen, Deutschland

Corinna Jenal
Forschungsbereich Geographie
Universität Tübingen
Tübingen, Deutschland

ISSN 2197-6708　　　　　　　　　ISSN 2197-6716　(electronic)
essentials
ISBN 978-3-658-35871-6　　　　　ISBN 978-3-658-35872-3　(eBook)
https://doi.org/10.1007/978-3-658-35872-3

Die Deutsche Nationalbibliothek verzeichnet diese Publikation in der Deutschen Nationalbibliografie; detaillierte bibliografische Daten sind im Internet über http://dnb.d-nb.de abrufbar.

Planung/Lektorat: Dr. Cori Antonia Mackrodt
Springer VS ist ein Imprint der eingetragenen Gesellschaft Springer Fachmedien Wiesbaden GmbH und ist ein Teil von Springer Nature.
Die Anschrift der Gesellschaft ist: Abraham-Lincoln-Str. 46, 65189 Wiesbaden, Germany

Was Sie in diesem *essential* finden können

- Eine Einführung in wesentliche Grundzüge von ‚foodscapes‘, von den Anfängen bis hin zu neuen Ansätzen.
- Die Darstellung der Begriffsgeschichte von ‚Landschaft‘ und wissenschaftlichen Forschungsperspektiven (Essentialismus, Positivismus und Konstruktivismus).
- Eine Ausdifferenzierung konstruktivistischer Perspektiven zu ‚foodscapes‘ mit einem Schwerpunkt auf sozialkonstruktivistischen und diskurstheoretischen Zugängen.
- Eine Verdeutlichung von ‚foodscapes‘ anhand ausgewählter Fallbeispiele einschließlich angewandter Forschungsmethoden.
- Die Verdeutlichung der Relevanz einer Nahrungsgeographie und weiterer, potenzieller Forschungsperspektiven.

Inhaltsverzeichnis

Einführung 1

Die englische wie die deutsche Bezeichnung des Themas ‚foodsca-pes/Nahrungslandschaften' bildet ein Kompositum aus den Worten ‚food' und ‚Nahrung' sowie ‚-skape' und ‚Landschaft'. Werden unterschiedliche ‚semanti-sche Höfe' (Hard, 1969) von ‚-skape' und ‚Landschaft' außer Acht gelassen, wird mit ‚foodscapes/Nahrungslandschaften' eine Synthese von räumlich differenzier-ten Verfügbarkeiten und Produktionen von Nahrungsmitteln bezeichnet. Aus die-sem Begriffsverständnis wird deutlich, dass ‚foodscapes/Nahrungslandschaften' sowohl aus konstruktivistischer Perspektive (als konzeptionelle Vorstellung, Zusammenschau, Synthese) als auch in positivistischer Perspektive, auf der Ebene ‚physisch-materieller Räume', der Verteilung von ‚Etwas', in diesem Falle, der Erzeugung, Verteilung sowie Zugänglichkeit (hier im Sinne physisch-räumlicher, nicht etwa sozialer Distanzen) in einem als Container gedachten Raum, verstan-den werden können (siehe auch: Adema, 2010). Der Begriff ‚foodscape' entstand Mitte der 1990er (Yasmeen, 1996) im Kontext der wissenschaftlichen Befas-sung mit sozialen und räumlichen Ungleichheiten hinsichtlich der öffentlichen Gesundheit und in Ernährungssystemen (Vonthron et al., 2020). Doch Fragen der Nahrungsmittelproduktion, ihrer Distribution, Vermarktung sowie des Kon-sums haben eine Historie, die in der Geographie und ihren Nachbardisziplinen bis in die Anfänge des 19. Jahrhunderts zurückreichen und dadurch gekennzeichnet sind, dass sich die Schwerpunkte wissenschaftlicher Betrachtung in den letzten Jahrzehnten zunehmend in Richtung Konsum verschoben haben. Eng an diese Entwicklung gebunden sind auch sich wandelnde Vorstellungen von Raum und Landschaft. Als Ausgangspunkt unserer Überlegungen zu ‚foodscapes' skizzie-ren wir daher das veränderte Verständnis von Landschaft (Kap. 2) und darauf aufbauend die Entwicklung der Nahrungsgeographie zu einer eigenständigen Sub-disziplin der Humangeographie (Kap. 3). Innerhalb der ‚geography of food' hat die Beschäftigung mit Nahrungslandschaften in den letzten zwei Jahrzehnten

T. Sedelmeier et al., *Foodscapes/Nahrungslundschaften*, essentials, https://doi.org/10.1007/978-3-658-35872-3_1

enorm an Bedeutung gewonnen – ein Umstand, dem wir mit diesem Essential Rechnung tragen wollen, indem wir die Leitlinien dieser Entwicklung und die wichtigsten Forschungsfelder – ohne den Anspruch der Vollständigkeit – skizzieren möchten (Kap. 4). Die Entwicklung der Nahrungslandschaften hängt von einer Vielzahl Faktoren ab, darunter nicht nur ökonomische, soziale und ökologische, sondern auch politische. Daher wenden wir uns im fünften Kapitel unterschiedlichen politischen Systemen zu und verdeutlichen deren sozialräumliche Auswirkungen anhand zweier Beispiele, die wir unter dem Begriff der ‚poverty foodscapes' subsummieren (Kap. 6).

Zum Begriff der Landschaft

2

Der Begriff der ‚foodscapes‘ bzw. ‚Nahrungsmittellandschaften‘ bezieht sich im zweiten Wortteil auf Landschaft (bzw. -scape), also auf eine räumliche Zusammenschau von ‚etwas‘. In diesem Kapitel befassen wir uns mit der Genese dieses Modus der Zusammenschau und der aktuellen Bedeutung des Begriffes ‚Landschaft‘, der Grundlage für die weiteren Ausführungen zu ‚foodscapes‘ sein wird.

Infolge seiner bis in das Mittelalter zurückreichenden Geschichte, hat der Begriff der Landschaft einen – bereits angesprochenen – großen ‚semantischen Hof‘ (Hard, 1969) entwickelt. Im Laufe der Begriffsgeschichte traten immer neue Konnotationen hinzu, der Begriff wurde vielfältiger und damit auch weniger eindeutig, was ihn zwar vielseitig einsetzbar macht, aber auch die Darlegung der verwendeten Begriffsverständnisse erforderlich macht, soll er nicht bloß ornamentalen Charakter haben. Insofern widmet sich dieses Kapitel zunächst einer knappen Begriffsgeschichte, aus der deutlich wird, welche konzeptionellen Bezüge der Begriff der ‚Landschaft‘ für die Forschung zum Thema Erzeugung, Verteilung und Zugänglichkeit von und zu Nahrungsmitteln hat. Darüber hinaus werden aktuelle theoretische Ansätze der Landschaftsforschung vorgestellt und zum Abschluss das im Weiteren verwendete Verständnis von Landschaft abgeleitet.

Die Entwicklung des deutschen Landschaftsbegriffs in den vergangenen Jahren Gegenstand zahlreicher wissenschaftlicher Aufarbeitungen geworden (etwa bei: Berr & Kühne, 2020; Berr & Schenk, 2019; Müller, 1977; Schenk, 2013; Trepl, 2012), insofern werden im Folgenden die Entwicklungslinien nur grob dargelegt. ‚Landschaft‘ stellt in den germanischen Sprachen eines von anderen zahlreichen anderen -skapjan (‚schaften‘) abgeleitetes Verbalabstraktum (ähnlich: *skapi-, *skapja- und *skafti-) dar (wie auch Mannschaft, Vorstandschaft,

T. Sedelmeier et al., *Foodscapes/Nahrungslundschaften*, essentials, https://doi.org/10.1007/978-3-658-35872-3_2

Freundschaft etc.). Diese -schaft-Abstrakta waren (und sind) durch ein einheitliches Bedeutungsspektrum geprägt, einer Zusammenschau von Gestalt, Form, Beschaffenheit, Natur, Zustand sowie Art und Weise.

Die Anfänge des Begriffes der Landschaft lassen sich im Deutschen bis in das frühe 9. Jahrhundert zurückverfolgen (Gruenter, 1975). Im Althochdeutschen bezeichnete ‚Landschaft' etwas, „was in den allermeisten Fällen die Qualität eines größeren Siedlungsraumes besitzt" (Müller, 1977, S. 6). Als eine Ableitung von Personen- bzw. Personengruppenbezeichnungen umfasste ‚Landschaft' auch eine Grundbedeutung von den in einem bestimmten Gebiet üblichen Verhaltensweisen wie auch von sozialen Normen der in diesem Gebiet lebenden Bewohner~innen. Ein unmittelbarer Bezug zu dem physischen Raum wurde hierdurch jedoch nicht hergestellt. Eine Erweiterung des Verständnisses erfolgte im Laufe des 12. Jahrhunderts: ‚Landschaft' wurde zu einem politisch-rechtlichen Raumbegriff, er wurde als politischer Teilraum einer größeren politischen Einheit verstanden (Müller, 1977). Auch umfasste er die politisch Handlungsfähigen (also nicht die Unfreien) einer Region in Form der „Repräsentanten der ‚ganzen Landschaft'" (Hard, 1977, S. 14). Im Hochmittelalter erfuhr ‚Landschaft' eine gegenständliche Konkretisierung: ‚Landschaft' wurde als der von einer Stadt beherrschte und kultivierte Raum verstanden (Müller, 1977). Diese Begriffsbedeutung wird später in der dichotomen Trennung in Kulturlandschaft (also dem hochmittelalterlichen Verständnis von ‚Landschaft') um Naturlandschaft (jener unkultivierte Bereich, der im Mittelalter jenseits der kultivierten ‚Landschaft' lag) erweitert.

Eine neue Bedeutungskomponente erhielt ‚Landschaft' in der Renaissance: Ausgehend von der niederländischen (Landschafts-)Malerei erhielt das Wort eine ästhetische Bedeutung, etwa dem angelsächsischen ‚scenery' (Antrop, 2019; Büttner, 2006). Somit entstand der bis heute bestehende ‚Doppelcharakter' des Begriffs im Deutschen: Erstens, bezeichnet ‚Landschaft' die Anordnung materieller Objekte, jenseits der lokalen Betrachtungsebene, zweitens, bezeichnet ‚Landschaft' auch die Synthese solcher Objekte in einer ästhetischen Zusammenschau. Diese Entdifferenzierung von Objekt- und Meta-Ebene ist – etwa im Vergleich zu anderen europäischen Sprachen – charakteristisch für das Landschaftsverständnis im deutschen Sprachraum (andere Sprachen, wie das Englische oder das Französische fokussieren stärker die ästhetische Dimension, ein dem Deutschen ähnliches Verständnis wiederum findet sich im Ungarischen; vgl. u. a. Drexler, 2013). Eine besondere Aufladung erfuhr der Begriff der Landschaft in der deutschen Romantik, „indem mythologische und historische Inhalte in einem erweiterten Begriff von ‚Landschaft' aufgehen" (Hohl, 1977, S. 45; siehe auch Piepmeier 1980). So wurde für die Maler der Romantik – besonders wirkmächtig

war Caspar David Friedrich (1774–1840) – Malerei zum Ausdruck „der inneren und moralischen und religiösen Verfasstheit des Künstlers" (Büttner, 2006,
S. 262), Landschaft erfuhr eine sakrale Aufladung. Wissenschaftlich tradierte im
18. Jahrhundert noch ein nicht-ästhetisches, auf das spät-mittelalterliche zurück-
gehende Verständnis von Landschaft, im Sinne von Gebiet oder Territorium, das
durch die Alexander von Humboldt zugeschriebene Sentenz von ‚Totalcharak-
ter einer Erdgegend' ersetzt wurde (Hard, 1969; Schmithüsen, 1968). Auch der
Biedermeier schlug sich in der Modifikation des Verständnisses von ‚Landschaft'
nieder: Sie wurde zu einem Symbol für Humanität. Diese werde durch zivilisa-
torische Entwicklung wie auch auf eine zunehmende ökonomische – technisch
vermittelte – Verwertung von ‚Landschaft' bedroht. Entsprechend standen die
Ausdehnung von Städten, die Errichtung von Industrieanlagen und die ‚Tech-
nisierung des Landes' im Zentrum der Kritik (Kortländer, 1977). Damit wurde
‚Landschaft' zum Medium der Sozialkritik. Auch diese Tradition wird bis heute
aktualisiert, auf Ebene der Objekte, etwa im Kontext der materiellen Manifestationen der Energiewende (wie etwa Windkraftanlagen), aber auch in den
abstrakteren Befassungen mit dem Themenfeld ‚Landschaft und Gerechtigkeit',
der konstitutiv für das Konzept der ‚foodscapes' ist. Ende des 19. Jahrhunderts
wurde – in Ablehnung der Prozesse und Strukturen der gesellschaftlichen Moder-
nisierung – die ‚vormoderne ländliche Landschaft' als Heimat idealisiert, zu deren
Schutz sich die ‚Heimatschutzbewegung' gründete (Eisel, 1982; Lekan & Zeller,
2005). So entstand die Idee einer „immer individuelle[n] und organische[n] Har-
monie von Kultur und Natur", die „dann im Landschaftsbild ablesbar" (Körner,
2006a, S. 6) ist. Es entstand eine Vorstellung von ‚Kulturlandschaft', deren materielle Erscheinung Ausdruck eines ‚Wesens' sei, das durch über Generationen
vollzogene wechselseitige Prägung von (regionaler) Natur und Kultur erzeugt
sei. Diese Deutungs- und Bewertungsvielfalt von ‚Landschaft' prägte (mehr oder
minder unreflektiert) das Verständnis von ‚Landschaft' in der deutschen Geographie (eigens in Form der ‚Landschaftskunde') zum Wechsel des 19. zum
20. Jahrhunderts – und wurde, weil zahlreiche Personen aus dem Ausland in
Deutschland studierten oder promovierten oder aus Deutschland in das Ausland
gingen, in zahlreichen nationalen Forschungstraditionen verankert (wie in den
Vereinigten Staaten, Japan, China; Denevan & Mathewson, 2009; Küchler &
Wang, 2009; Ueda, 2010). Nach dem Versuch Nazi-Deutschlands das Prinzip
‚deutsche Kulturlandschaft' in den physischen Räumen der besetzten Staaten Ost-
mitteleuropas (insbesondere Polens) einzuschreiben, erfuhr der Begriff fachlich in
den 1960er Jahren eine stärker naturwissenschaftliche Prägung, aus der (west-)
deutschen Humangeographie wurde er hingegen (im Kontext des Kieler Geogra-
phentages, 1969) weitgehend getilgt. Erst im Kontext der physischen Nebenfolgen

des wirtschaftlichen Strukturwandels (Stichwort ‚Altindustrialisierung') und der ‚konstruktivistischen Wende' erfuhr er eine gewisse Renaissance (unter vielen: Höfer & Vicenzotti, 2013; Jenal, 2019; Kühne, 2016; Schönwald, 2015). Diese Ausführungen zeigen (eher implizit) auch Veränderungen wissenschaftlicher Perspektiven zu und auf ‚Landschaft'. Diese unterschiedlichen Verständnisse werden im Folgenden nun explizit behandelt.

Wie auch zur Begriffsgeschichte wurde auch zur Landschaftstheorie in den vergangenen Jahrzehnten eine Reihe von Überblickswerken veröffentlicht, die sich – in unterschiedlichem Detaillierungsgrad sowie unterschiedlichen theoretischen und thematischen Perspektiven – mit diesem Thema befassen (etwa bei: Bourassa, 1991; Kühne, 2018a, 2019a; Winchester et al., 2003; Wylie, 2007), sodass auch hier ein knapper Überblick genügt, um wesentliche Grundzüge der oben angesprochenen landschaftstheoretischen Zugänge, das essentialistische, das positivistische und das konstruktivistische, darzustellen (eine Verbindung von Landschafts- zu Wissenschaftstheorien findet sich ausführlich bei: Kühne & Berr, 2021).

Der Essentialismus (von lateinisch *‚essentia'* = Wesen) ist von der Überzeugung gekennzeichnet, „dass es das Ziel der Wissenschaft sei, Wesenheiten zu enthüllen und mit Hilfe von Definitionen zu beschreiben" (Popper, 2003, S. 40). Das essentialistische Landschaftsverständnis geht entsprechend davon aus, die materiellen Erscheinungen einer ‚Landschaft' seien Ausdruck von deren ‚Wesen', das geprägt sei, von einer über Generationen dauernden wechselseitigen Formung einer regionalen Kultur und Natur. Es wird also davon ausgegangen, a) das Wesen (der Grund bzw. das ‚Zugrundeliegende' der ‚Existenz', Faktizität oder des ‚Daseins') bestimme die Form der ‚Landschaft' und – darüber hinaus wird unterschieden, b) in die „Dinge über notwendige Eigenschaften verfügen, die ihr Wesen ausmachen" (Chilla et al., 2015, S. 15) und jene, dies bloß zufällig, also ‚akzidentiell', in einer ‚Landschaft' zu finden seien. Damit liegt eine fundamentale Unterscheidung in essentielle (wesentliche, notwendige) Eigenschaften (hier von Landschaft) und akzidentellen (zufälligen, kontingenten) Eigenschaften vor, wobei die essentiellen Eigenschaften eines Dings (hier Landschaft) es „zu dem [machen], was es ist, während die akzidentellen Eigenschaften für die Existenz des Dinges keine solche Bedeutung haben" (Albert, 2005, S. 44). Aufgabe von (Landschafts-)Forschenden ist es – aus dieser Perspektiver heraus entsprechend, Zuschreibungen, Deutungen und Wertungen zu untersuchen, denn das ‚Wesen der Landschaft' (selbstverständlich im Singular) muss „im Objekt selbst gesucht und begründet werden" (Lautensach, 1973, S. 24). Das aus dieser Perspektive Landschaft als eine „quasi organische Ganzheit mit besonderen Merkmalen" betrachtet wird, die „über einen unverrückbaren Eigenwert und eine eigene Identität" verfügt (Gailing & Leibenath, 2012, S. 97), werden strikte Normen für den Umgang mit ‚Landschaft' formuliert: alles, was Ausdruck des ‚Wesens der Landschaft' verstanden wird, ist zu erhalten, alles, was als ‚akzidentiell' ist, ist zu vermeiden. Historische Flurformen, Bauernhausformen, Wegebeläge etc. gelten als ‚essentiell', Reihenhaussiedlungen, flurbereinigte Großschläge, insbesondere der funktionalistische ‚globale Baustil' nicht.

Die Vorstellung von Wissenschaft als ‚Entdeckerin' eines hinter den Erscheinungen verborgenen ‚Wesens' – in diesem Falle von Landschaft – lehnt die positivistische Landschaftsforschung ab. Landschaft ist aus dieser Perspektive ein Gegenstand, der empirisch durch Messen, Wiegen und Zählen zu erfassen und – in Einzelerscheinungen zergliedert – analysiert werden kann. Der positivistische Landschaftsbegriff folgt dem modernen Wissenschaftsverständnis, indem die „‚gesammelten' Beobachtungen durch den Verstand induktiv generalisiert werden" (Eisel, 2009, S. 18). ‚Landschaft' wird in diesem Verständnis als „reale Wirklichkeit" (Schultze, 1973, S. 203) verstanden, als ein Container, der mit unterschiedlichen Elementen ‚angefüllt' ist. Diese Elemente verhalten sich – in mathematisch bestimmbarer Weise – zueinander. Somit lässt sich Landschaft – in dieser Perspektive – in unterschiedliche Ebenen gliedern (in Geographischen Informationssystemen: Layern), in denen Klima, Vegetation, Siedlungen etc. erfasst werden, und sie so der computergestützten Modellierung zugänglich macht (siehe Tilley, 1997). Auf Grundlage positivistischer Landschaftsforschung sind dabei Normen für die Gestaltung der materiell verstandenen ‚Landschaft' schwer möglich, schließlich auf Analyse von Zusammenhägen ausgerichtet (Kühne, 2019c).

Liegt die konstitutive Ebene von Landschaft für ein essentialistisches Verständnis in deren ‚Wesen', das durch ‚Erscheinungen' zum Ausdruck kommt und durch die landschaftsbezogene Wissenschaft aus diesen herausgelesen werden muss, wird aus dem positivistischen Verständnis, Landschaft als Objekt verstanden, dessen Einzelerscheinungen zunächst beobachtet und gemessen werden, dann – nach Layern gegliedert – dargestellt und final induktiv generalisiert werden. Auch wenn sich konstruktivistische Zugänge hinsichtlich ihrer wissenschaftstheoretischen Begründung und ihrer Fokussierung von unterschiedlichen Prozessen unterscheiden, so liegt ihnen allgemein die Ansicht zugrunde, die konstitutive Ebene von Landschaft läge in sozialen bzw. individuellen Konstruktionsprozessen. So fokussiert die sozialkonstruktivistische Landschaftstheorie die Frage, wie gesellschaftliche landschaftliche Vorstellungen im Prozess der Sozialisation vermittelt werden, wie dieses Vorstellungen verinnerlicht, eigene Vorstellungen von

Landschaft, etwa in Form von Präferenzen entwickelt und so innovative Vorstellungen sozial verhandelt werden, zudem befasst sie sich damit, wie materille
Objekte symbolisch aufgeladen werden und so eine soziale Funktion erfüllen.
Dabei wird auch der Frage nachgegangen, welche Bedeutung und Wirkung Macht
in diesen Prozessen hat (Cosgrove, 1984; Greider & Garkovich, 1994; Kühne,
2008). Die Frage gesellschaftlicher Machtvereitlung wird in der Perspektive
der diskurstheoretischen Landschaftsforschung noch stärker adressiert: Diskurse
regeln dabei „die Art und Weise, wie über ein Thema sinnvoll gesprochen und
reflektiert werden kann" (Hall, 2001, S. 72). Diskurse entstehen gleichwohl
konfliktär: „Indem bestimmte Diskurse hegemonial und andere marginalisiert
werden, werden bestimmte Wahrheiten und letztlich bestimmte soziale Wirklich-
keiten hergestellt" (Glasze & Mattissek, 2009, S. 12). Die diskursanalytische
Landschaftsforschung untersucht entsprechend, welche unterschiedlichen Diskurse über Landschaft bestehen (etwa als ‚historisch gewachsen' vs. ‚modern'),
welche Konkurrenzen sie untereinander aufweisen, wie sie nach Hegemonialität
streben und bemüht sind, diese Hegemonialität zu sichern (siehe z. B. Leibenath & Otto, 2013; Weber, 2019). Weniger an Fragen ungleicher Machtgefüge ist
die radikalkonstruktivistische Landschaftsforschung interessiert. In Anschluss an
Niklas Luhmann (1986) behandelt sie Fragen, wie gesellschaftliche Teilsysteme,
etwa Politik, Wirtschaft, Wissenschaft etc., in unterschiedlicher Weise Landschaft
konstruieren, etwa als Medium, um Macht zu generieren, Geld zu verdienen
oder zu Reputation führende Erkenntnis zu generieren. Aus dieser Perspektive
lässt sich auch die Frage behandeln, wie die Ausdehnung massenmedialer (insbesondere in sozialen Netzwerken wie Facebook) moralischer Kommunikation
die übrigen gesellschaftlichen Teilsysteme in Resonanz versetzt (Kühne, 2019b;
Kühne et al., 2021).

   In den vergangenen Jahren wurden in der landschaftstheoretischen Forschung
zunehmend Ansätze diskutiert, die eine klare Trennung zwischen Objekt und
Subjekt überbrücken wollen, die aber im aktuellen Diskussionsstand um ‚foodscapes' (noch) keinen wesentlichen Niederschlag gefunden haben. Zunächst findet
eine Rückbesinnung auf die Phänomenologie statt, die sich mit dem individuellen Erleben von Landschaft befasst, wodurch Forschende zu Erzählenden
von ihren Erfahrungen von und mit Landschaft werden (Tilley, 1997; Tuan,
1989). In der Akteurs-Netzwerk-Theorie wird ‚Landschaft' aus sozialen, technischen und natürlichen Einheiten und Faktoren als prinzipiell gleichberechtigte
Knoten von Vernetzungsprozessen gebildet (Allen, 2011; Latour, 1996, 1997;
Latour & Roßler, 2007). Diese werden durch die „Akteurs-Netzwerk-Theorie
nicht als Explanans, sondern als Explananda behandelt" (Schulz-Schaeffer, 2000,

S. 188). Die Assemblage-Theorie fokussiert (ausgehend von einer konstrukti-vistischen Grundhaltung), wie Materielles (sozial) wirken kann (Müller, 2015; van Wezemael & Loepfe, 2009). Einen anderen Weg der Integration von materiellen Aspekten, individuellem Bewusstsein und sozialen Gehalten geht die neopragmatische Landschafts- und regionalgeographische Forschung: Unter einem sozialkonstruktivistischen Rahmen, erfolgt hier zur Erforschung komplexer (räumlicher) Phänomene, aus konkreten Fragestellungen abgeleitet und begründet, eine Triangulation der Daten, Methoden, Personen und insbesondere Theorien (Kühne, 2018b; Kühne & Jenal, 2021).

Im Bewusstsein dieser unterschiedlichen theoretischen Zugänge verstehen wir Landschaft als soziale Muster der Synthese, Deutung und Bewertung aktualisierende individuelle Konstruktion, bei der materielle Objekte in relationaler Anordnung miteinander verknüpft und denen Bedeutungen zugeschrieben werden. Dieses Verständnis von Landschaft ist offen für unterschiedliche wissenschaftstheoretische Perspektiven, methodische Zugänge, Forschendenperspektiven und Daten, in einem (sozial)konstruktivistischen Rahmen. Kurz: Unser Verständnis von ‚Landschaft' lässt sich als ‚neopragmatisch' verstehen. Im Folgenden werden wir auf Basis der Ausführungen zur Bildung räumlicher Synthesen (hier: Landschaften) einerseits und der wissenschaftstheoretischen Rahmungen, die hier in Bezug auf Landschaft dargestellt wurden, andererseits, die Entwicklung der geographischen Befassung mit Nahrungsmitteln bis hin zur Entwicklung des Konzepts der ‚foodscapes' darstellen.

Empfohlene Literatur:

- Trepl (2012): Ein kulturgeschichtlicher Überblick über die Verständnisse von Landschaft, insbesondere im deutschen Sprachraum
- Kühne (2019a): Eine aktuelle, englischsprachige und knappe Einführung in aktuell diskutierte theoretische Zugänge sowie aktuelle Herausforderungen im Umgang mit Landschaft.
- Wylie (2007): Eine mittlerweile klassische Einführung in die Landschaftstheorie, insbesondere mit Fokus auf die Diskussionen im angelsächsischen Sprachraum.

Nahrungsgeographie – Geschichten einer sich formierenden geographischen Subdisziplin

3

In diesem Kapitel wird skizziert, wie sich die geographische Auseinandersetzung mit Nahrungsmitteln, deren Produktion und Konsum, von einer traditionellen Agrargeographie, die Strukturen und Entwicklungen von Agrarwirtschaften und deren raumwirksamen Prozessen thematisiert, zu einer Nahrungsgeographie (‚geography of food‘) entwickelt hat, die die Erforschung von Nahrungssystemen (Produktion, Verarbeitung, Transport, Vermarktung, Verbrauch) zum Ziel hat. Den Startpunkt der wissenschaftlichen Auseinandersetzung mit der Landwirtschaft – und insbesondere der modellhaften Erklärung landwirtschaftlicher Bodennutzung – markierten die Thünenschen Ringe, die den Zusammenhang zwischen Grundrente und landwirtschaftlichem Produktionsstandort verdeutlichen und letztere als Abfolge konzentrischer Kreise darstellen. Dieses frühe Modell erfuhr sehr viel Aufmerksamkeit in der deutschsprachigen, aber auch internationalen Geographie in den 1960er und 1970er Jahren und die darin formulierten Gesetzmäßigkeiten dienten häufig als Ausgangsüberlegung für regionalökonomische Analysen (Robinson, 2004). Sick (1983) schreibt dem Modell selbst zu Beginn der 1980er Jahre noch zu „bis heute gültige Grundlagen der Agrargeographie geschaffen" (Sick, 1983, S. 11) zu haben. Bis in die jüngere Vergangenheit wird die Bedeutung des Modells gewürdigt. So kommt Heineberg (2003) zu der Einschätzung, dass der Ansatz zwar „leider zu einfach [sei], um komplexe sozioökonomische Strukturen abbilden bzw. erklären zu können" (Heineberg, 2003, S. 132), würdigt das Werk jedoch als „eine der wesentlichen Grundlagen zur Entwicklung der Raumwirtschaftslehre" (Heineberg, 2003, S. 131) und spricht ihm „immer noch eine erhebliche didaktische Bedeutung zu" (Heineberg, 2003, S. 132).

Die überwiegend in der ersten Hälfte des 20. Jahrhunderts betriebene klassische bzw. traditionelle Agrargeographie (siehe Otremba, 1953; Troll, 1939)

T. Sedelmeier et al., *Foodscapes/Nahrungslundschaften*, essentials, https://doi.org/10.1007/978-3-658-35872-3_3

wurde im deutschsprachigen Raum mehr und mehr von stärker sozialgeographisch geprägten Arbeiten abgelöst. Insbesondere die Forschungen Bobeks (1948) und Hartkes (1956), die von einer funktionellen Denkweise geprägt waren und soziale Aggregate bzw. sozialgruppenspezifische Normen und Werte und deren räumliche Auswirkungen thematisierten, können als Meilensteine dieser Entwicklung betrachtet werden. Ab den 1960er Jahren zeigten sich jedoch bereits erste Anzeichen eines Bedeutungsverlustes der Agrargeographie im Kanon der geographischen Teildisziplinen: Einhergehend mit gesamtgesellschaftlichem Wandel, den damit einhergehenden Prozessen wie etwa jenen der Urbanisierung, gewannen stadt- und bevölkerungsgeographische Fragestellungen sowie die Industriegeographie als Teilbereich der Wirtschaftsgeographie an Bedeutung. Auch die Agrargeographie trug dem Wandel Rechnung und bettete – vor dem Hintergrund der rasch gestiegenen Bedeutung des Nebenerwerbs gegenüber den landwirtschaftlichen Haupterwerbsbetrieben, der wachsenden industriellen Agrarproduktion sowie dem Agrotourismus – ihre Forschungsschwerpunkte stärker in die Geographie ländlicher Räume ein (Ruppert, 1984). Ruppert fordert daher bereits Mitte der 1980er Jahre eine „offene" (Ruppert, 1984) Agrargeographie, die sich u. a. den Problemfeldern Umweltschutz, Landbewirtschaftung ohne Agrarproduktion, Ressourcenbereitstellungsfunktion und multifunktionale Flächennutzung widmen solle.

Auch der internationale Diskurs um eine Neuausrichtung der Agrargeographie gewinnt in diesen Jahren an Bedeutung. In ihrem wegweisenden Artikel fordern Bowler und Ilbery (1987) eine Neuausrichtung der Agrargeographie, die insbesondere in drei Dimensionen vonstattengehen solle:

1. Die konzeptionelle Orientierung an dem Nahrungsmittelversorgungssystem, einhergehend mit einer Verschiebung des Fokus von der Produktion agrarischer Güter auf deren Weiterverarbeitung, Verteilung und Vermarktung.
2. Die Berücksichtigung der landwirtschaftlichen Auswirkungen auf breiteren Gesellschaftsteilen – sowohl urbane als auch ländliche.
3. Die Integration von Perspektiven und Theorien aus der Politischen Ökonomie und der Agrarsoziologie.

Atkins lobt diesen Versuch einer Neuausrichtung der Agrargeographie, hält diesen jedoch nicht für weitgehend genug: „Their revised agenda can be seen as state-of-the-artism rather than a true demolition and reconstruction job" (Atkins, 1988, S. 281). Stattdessen setzt er sich vor dem Hintergrund der sinkenden volkswirtschaftlichen Wertschöpfung der Landwirtschaft in Großbritannien bei gleichzeitig wachsender Bedeutung der nachgelagerten Verarbeitungs- und

Versorgungsnetzwerke für eine Wandlung der Agrargeographie in eine Nahrungsgeographie (‚geography of food') ein. Er begründet dies entlang dreier Argumentationslinien: Erstens, habe sich die Agrargeographie zu sehr auf die Landwirtschaft im Globalen Norden konzentriert und den Globalen Süden der Entwicklungsgeographie überlassen. Diese habe zwar einen Beitrag zur Erklärung von Tauschbeziehungen und der Entstehung von Hungersnöten geleistet, aber die Erforschung von Nahrungssystemen (Produktion, Verarbeitung, Transport, Vermarktung, Konsum) vernachlässigt. Zweitens, sei die Rolle der Lebensmittel – sowohl in unverarbeiteter als auch in verarbeiteter Form – für die Entstehung weltweiter Handelsbeziehungen und die Entwicklung von Gesellschaften wenig beachtet und auch die mit Lebensmitteln verbundenen Kapitalinvestitionen multinationaler Konzerne nicht systematisch untersucht worden. Drittens, schlägt er – in Anlehnung an Arbeiten französischer Geographen Ende der 1970er Jahre – vor, die Ernährungsgewohnheiten der Verbraucher in den Forschungsfokus zu rücken, da der Konsum von Lebensmitteln und dessen soziale sowie ökonomische Konsequenzen in der Analyse von Lebensmittelversorgungssystemen nicht außer Acht gelassen werden dürften. Als Beispiel führt Atkins den Zusammenhang von Ernährung und Gesundheit und deren räumlichen Manifestationen an (Atkins, 1988). Dies zu leisten sei die Agrargeographie nicht im Stande, weshalb sie durch die Nahrungsgeographie abgelöst werden solle: „Bowler and Ilbery have redefined agricultural geography in ordert o reproduce it. Let us be bolder. Agricultural geography is dead: long live the geography of food!" (Atkins, 1988, S. 282).

Atkins' Forderungen werden von Bohle aufgegriffen und kritisiert: „Dieser Abgesang ist voreilig und unnötig" (Bohle, 1990, S. 23). Er begründet dies mit Verweis auf die Arbeiten Sicks (etwa Sick, 1983) damit, dass in der herkömmlichen Agrargeographie bereits alle inhaltlichen und theoretischen Ansätze der englischen Diskussion enthalten seien und eine Einengung auf die Nahrungsgeographie zur wissenschaftlichen „Ertragsminderung" (Bohle, 1990) führe. Stattdessen schlagen Bohle und Krüger – an den Beiträgen von Bowler und Ilbery (1987) sowie Atkins (1988) orientiert – eine ‚Geographie der Nahrungssysteme' vor, die ihr Augenmerk auf die „Schnittstelle zwischen Nahrungssystemen und wirtschaftlichen und gesellschaftspolitischen Faktoren [...] bei der Erforschung von Hungerkrisen [richtet]" (Bohle & Krüger, 1992, S. 258). Wenig verwunderlich ist es daher, dass infolge im deutschsprachigen Raum die Nahrungsgeographie als Teilbereich der Entwicklungsgeographie insbesondere auf den Zugang zu Lebensmitteln, Nahrungskrisen sowie Lösungsansätzen zur Überwindung von Ernährungsunsicherheit (‚food insecurity') in Schwellenländern sowie Ländern des Globalen Südens fokussierte (unter vielen: Aas et al.,

2017; Alban et al., 2000; Dittrich, 1995; Drescher, 1995; Krings, 1997; Lohnert, 1995; Tröger, 2004). Theoretisch beziehen sich viele dieser Studien auf den ‚entitlement'- und ‚capability'- Ansatz Sens (unter vielen: Sen, 1982, 1985) sowie den Verwundbarkeitsansatz nach Chambers (1989). Im angelsächsischen Sprachraum bildete sich zudem eine neue Richtung der Nahrungsgeographie heraus: die ‚Geography of food consumption'. Zwar untersuchten Kulturgeograph~innen bereits in den 1960er Jahren Ernährungsgewohnheiten in verschiedenen Regionen Nordamerikas und Großbritanniens, fokussierten dabei jedoch oftmals auf vermeintliche kulinarische Kuriositäten. In den frühen 1980er und 1990er Jahren erweiterte sich das Spektrum schließlich um Studien, die Unterschiede zwischen Staaten und Bevölkerungsgruppen bezüglich der Verzehrgewohnheiten und ihren Folgen (z. B. ernährungsbedingte Zivilisationskrankheiten) analysierten und dabei Probanden befragten, Ausgaben für Lebensmittel sowie deren Mengen und Gewichte erhoben (Grigg, 1995). Diese Untersuchungen zeigen, dass sich in den westlichen Industriestaaten bereits im Zuge der Industrialisierung ein Wandel der Ernährungsgewohnheiten vollzogen hat, der insbesondere durch eine Zunahme des Konsums von Fleisch, Zucker, Gemüse und Obst geprägt war, wohingegen der Anteil stärkehaltiger Grundnahrungsmittel abnahm. In den Ländern des Globalen Südens vollzog sich dieser Wandel hingegen deutlich zeitverzögert und setzte erst ab den 1960er Jahren ein (Grigg, 1999).

Seit der Jahrtausendwende gewannen alternative Nahrungsmittelversorgungssysteme – vor dem Hintergrund einer Reihe von Lebensmittelskandalen und von der breiten Öffentlichkeit (insbesondere in Europa) skeptisch betrachteten Fortschritten im Bereich der Biotechnologie zur Erzeugung von Lebensmitteln – an Bedeutung (Niles & Roff, 2008). Dementsprechend hat die Zahl wissenschaftlicher Veröffentlichungen, die die Regionalität und Saisonalität von Produkten sowie deren Zugänglichkeit thematisieren, rasant zugenommen (unter vielen: Goodman et al., 2011; Whatmore et al., 2003). Aus dieser Beschäftigung heraus sind zahlreiche Studien entstanden, die sich mit Fragen der Mahlzeitenzubereitung, Essensritualen, speziellen Ernährungsformen (z. B. Veganismus) sowie der Beziehung zwischen Lebensmitteln und Identität auseinandersetzen und ihren Ursprung in der Anthropologie haben (unter vielen: Lévi-Strauss & Moldenhauer, 1976). Dieser Zweig der Nahrungsgeographie lässt sich unter dem Label ‚Critical Food Studies' subsummieren (Colombino, 2014), die damit verbundenen Prozesse und Handlungen von Akteuren manifestieren sich wiederum in den Nahrungslandschaften, den sogenannten ‚foodscapes', die im folgenden Kapitel thematisiert werden.

Empfohlene Literatur:

- Atkins (1988): Ein immer noch lesenswerter Artikel, der maßgeblich für die Entwicklung der Nahrungsgeographie war.
- Robinson (2004): Ein sehr gelungener Überblick über die historische Entwicklung und aktuelle agrar- bzw. nahrungsgeographische Fragestellungen.
- Ruppert (1984): Ein sehr lesenswerter Überblick über die Entwicklung der deutschsprachigen Agrargeographie.

Die Multidimensionalität des Konzepts der ‚foodscapes'

4

Der Begriff ‚foodscape' fand erstmals Mitte der 1990er Jahre seinen Weg in die wissenschaftliche Literatur (Yasmeen, 1996) und wurde in den Folgejahren nur sehr zögerlich von anderen Autor~innen aufgegriffen. Erst seit dem Jahr 2010 stieg die Anzahl wissenschaftlicher Veröffentlichungen, die den Terminus verwenden, merklich an. Vonthron et al. (2020) identifizieren vier verschiedene Zugänge zu Foodsapes, die den entsprechenden Studien zugrunde liegen:

1. Räumliche Ansätze, die anhand quantitativer Daten und statistischer Verfahren den Einfluss von Nahrungslandschaften auf die Ernährung und die Gesundheit von Bewohner~innen messen.
2. Sozial- und kulturwissenschaftliche Ansätze, die auf der Grundlage quantitativer Befragungen und qualitativer Interviews strukturelle Ungleichheiten analysieren.
3. Verhaltensorientierte Ansätze, die auf der Ebene der Individuen untersuchen, wie deren Wahrnehmung ihr Essverhalten beeinflusst.
4. Systemische Ansätze, die die Kritik an dem globalen Ernährungsregime und die Förderung regionaler sowie nachhaltiger Ernährungsweisen eint.

Obwohl es international – insbesondere in Nordamerika, aber auch Großbritannien und Skandinavien – eine wachsende Zahl von Studien gibt, die auf ‚foodscapes' als konzeptionelle Rahmung zurückgreifen, existieren im deutschsprachigen Raum bis auf wenige Ausnahmen (Sedelmeier, 2018, 2019; Sperk & Kistemann, 2012) kaum Studien, die auf den Begriff ‚foodscape' bzw. das deutschsprachige Pendant Nahrungslandschaft rekurrieren.

Der Begriff selbst wird – wie bei sozialwissenschaftlichen Fachbegriffen nicht unüblich – in vielfältiger Weise definiert und konzeptualisiert. Gemein ist allen Definitionsversuchen, dass sie die ‚foodscapes' einerseits als physisch-materielle

T. Sedelmeier et al., *Foodscapes/Nahrungslundschaften*, essentials, https://doi.org/10.1007/978-3-658-35872-3_4

Manifestationen verstehen, deren Ausgestaltung durch die Handlungen von Akteuren geprägt und mit subjektiven Deutungen aufgeladen werden (Sedelmeier 2018). Eine vielfach zitierte Definition, die die Bedeutung und Zuschreibungen fokussiert, stammt von MacKendrick: „Consider the spaces and places where you acquire food, prepare food, talk about food and gather some sort of meaning from food. This is your foodscape" (MacKendrick, 2014). Aus dieser Definition wird ersichtlich, dass die Nahrungslandschaft – wie es eine Forderung Atkins' war (vgl. Kap. 3) – die gesamte Kette von der Produktion bis zum Verbrauch beinhaltet und auch alle Handlungen und Akteure inkludiert, die die Prozesse beeinflussen bzw. von diesen Prozessen beeinflusst werden. Adema (2006, S. 12) bezeichnet ‚foodscapes' als „An Emulsion of Food and Landscape" und weist darauf hin, dass diese auf verschiedenen Maßstabsebenen sichtbar und wirksam werden: beispielsweise im Handeln multinationaler Nahrungsmittelkonzerne, dem damit verbundenen globalen Austausch, der wiederum die Verbreitung (post)moderner Ernährungspraktiken begünstigt; aber auch auf lokaler und individueller Ebene, wenn es um Beschaffungswege, Zubereitungsformen sowie die Inkorporation von Lebensmitteln und damit verbundene Auswirkungen (z. B. gesundheitlich) auf menschliche Körper geht (Adema, 2006). Zusammenfassend lässt sich daher konstatieren, dass Nahrungslandschaften auf der Makro- und Mikroebene sowohl von soziokulturellen, ökonomischen und politischen, als auch physischen Einflüssen geprägt werden (Lake, 2018; MacKendrick, 2014) und diese die ‚Bühne' (Struktur im Sinne der Strukturationstheorie nach Giddens, 1984) bilden für die Handlungen von Akteuren und sich diese beiden (Handlung und Struktur) wechselseitig beeinflussen (Clary et al., 2017).

Aufgrund der Offenheit und Multiperspektivität des Konzeptes erfordert dessen Nutzung als Analyserahmen in empirischen Studien einige Festsetzungen: ‚Foodscapes' beinhalten quantifizierbare sowie kartierbare Elemente, eine Beschränkung auf jene ist jedoch nicht sinnvoll. Stattdessen muss – dem Verständnis der sozialen Konstruiertheit der Nahrungslandschaften folgend – eine methodische Annäherung an den Gegenstand auch immer unter Heranziehung qualitativer Forschungsmethoden (z. B. narrative Interviews, ero-epische Gespräche) erfolgen. Eine methodische Triangulation erscheint hierbei am erfolgversprechendsten. Gleichwohl verdeutlicht die Studie von Vonthron et al. (2020), die insgesamt 140 Artikel mit Bezug zu ‚foodscapes' ausgewertet und auf die Definitionen und Verwendungszusammenhänge hin analysiert haben, dass insbesondere in raumwissenschaftlichen Studien hauptsächlich statistische Verfahren und Geographische Informationssysteme als methodische Zugänge gewählt werden und sich das Verständnis von Nahrungslandschaften im Wesentlichen auf das Vorkommen von Essensangeboten in Form von Restaurants, Imbissbuden etc. in einem Quartier beschränkt. Einige dieser Studien erstellen zudem auf der Basis der räumlichen Verteilung der Lebensmittelangebote eine Analyse wie sich dieses auf als zentral erachtete Lebensbereiche auswirkt. Dies beinhaltet beispielsweise Fragen nach dem Zusammenhang zwischen Lebensmittelangebot eines Stadtteiles und dem sozioökonomischen Status der Bewohner~innen und der Auswirkungen der Angebotsstruktur auf das Ernährungsverhalten (Vonthron et al., 2020). In wahrnehmungsorientierten Studien wird hingegen gefragt, wie sich die Wahrnehmung der Nahrungslandschaft einer Person auf deren Ernährungsverhalten auswirkt. In systemischen Ansätzen überwiegen kritische Perspektiven auf das globale Nahrungssystem und es wird nach alternativen Produktions- und Verteilungssystemen gesucht (Vonthron et al., 2020).

Die oben aufgeführten Perspektiven auf ‚foodscapes' verdeutlichen, dass der Zugang zu ihnen ein entscheidendes Kriterium ist. Der Zugang lässt sich in einer mehrere Bereiche untergliedern: die Verfügbarkeit (‚availability') bezieht sich auf das Vorhandensein eines Lebensmittelangebotes, das den eigenen Geschmackspräferenzen und ernährungsphysiologischen Bedürfnissen entspricht; die räumliche Zugänglichkeit (‚accessability') auf die Distanz zwischen Angebotsstandort und dem Wohnsitz einer Person; der Faktor Erschwinglichkeit (‚affordability') beinhaltet die Höhe der Lebensmittelpreise in Relation zu den finanziellen Spielräumen der Kund~innen; Unterbringung (‚accommodation') und Annehmbarkeit (‚acceptability') beziehen sich zum einen die Ladenöffnungszeiten und Verfügbarkeit von Parkmöglichkeiten als auch auf das Einkaufsambiente (Clary et al., 2017). Es ist ersichtlich, dass die Zugänge zu Nahrungslandschaften nicht nur mannigfaltig, sondern auch sehr individuell sind. Ihre konkrete Nutzung ist von Prädispositionen einer Person, deren Ausstattung mit sozialem, ökonomischem und symbolischem Kapital sowie zeitlichen Ressourcen abhängig. Zeitliche Restriktionen, beispielsweise bedingt durch lange Arbeitszeiten oder ein unzureichendes Betreuungsangebot für (Klein)kinder, können dazu führen, dass der Aktionsraum deutlich eingeschränkt ist und nur Lebensmittelgeschäfte aufgesucht werden, deren Besuch mit anderen Aktivitäten gekoppelt werden kann (Clary et al., 2017) Zudem ist festzustellen, dass sich die ‚foodscape' ökonomisch besser gestellter Milieus – sei es aus Zeitgründen oder aus Bequemlichkeit – zunehmend in virtuelle Räume ausdehnt, indem vermehrt auf Lieferangebote von Supermarktketten zurückgegriffen wird (MacKendrick, 2014) Ein Mangel an finanziellen Ressourcen kann hingegen dazu führen, dass der Einkauf von frischen, gesunden Nahrungsmitteln zugunsten anderer Bedürfnisse zurückgestellt wird oder sich der Lebensmitteleinkauf auf wenige, besonders günstige Anbieter (z. B. Discounter) beschränkt (Clary et al., 2017). Ein nicht unerheblicher Anteil

an Haushalten in Ländern des Globalen Nordens ist zudem auf Lebensmittels-
penden caritativer Einrichtungen (vgl. Abschn. 6.1) angewiesen (MacKendrick,
2014). Dies erscheint nicht unproblematisch, da es sowohl für den deutschsprachigen Raum als auch auf internationaler Ebene zahlreiche Studien gibt, die
herausstellen, dass die Inanspruchnahme solcher Hilfeleistungen schambesetzt ist
und zudem Personengruppen aufgrund spezifischer Merkmale (z. B. Suchtver-
halten, psychische Erkrankungen) von diesen Hilfen ausgeschlossen werden und
die entsprechenden Einrichtungen – nicht intendiert – an der Substitution sozial-
staatlicher Grundrechte durch ein System der Mildtätigkeit beteiligt sind (unter
vielen: Miewald & McCann, 2014; Sedelmeier, 2013; Selke, 2009; Wakefield
et al., 2012; Warshawsky, 2010). Die Anzahl wissenschaftlicher Publikationen,
die zu einer positiveren Einschätzung derartiger Lebensmittelhilfen gelangt, fällt
deutlich geringer aus. Verwiesen sei an dieser Stelle auf eine aktuelle Studie,
die am Beispiel sog. ‚social grocerys' in Belgien zu dem Ergebnis kommt, dass
die Hilfe unter Wahrung der Menschenwürde und Anerkennung des Status als
Kund~in erfolgen kann, wenn drei Rahmenbedingungen gegeben sind: „product
choice, the act of paying, and recognition of the need for appropriate food"
(Andriessen et al., 2020, S. 15).

An dieser Stelle soll ein kurzes Zwischenfazit erfolgen: Wir konnten fest-
stellen, dass die ‚foodscapes' als Rahmen für vielfältige Fragestellungen, die
im Zusammenhang mit der Produktion, des Konsums und der symbolischen
Aufladung von Nahrungsmitteln stehen, dienen können. Dabei überwiegen insbesondere solche Veröffentlichungen, die sich mit gesellschaftlichen Disparitäten
und gesundheitlichen Aspekten im Kontext von Ernährungsweisen auseinandersetzen. Kurzum: Die Nahrungslandschaften werden problematisiert! In diesem
Zusammenhang erfolgt häufig auch eine begriffliche Spezifizierung der ‚foodscapes' als sogenannte ‚food deserts' oder auch – seltener – ‚food swamps'.
Daher wollen wir uns im Folgenden mit diesen Begrifflichkeiten und den
dahinterstehenden Verständnissen beschäftigen.

Beide Termini entstammen der Debatte um problematische Ernährungssitua-
tionen urbaner Haushalte in prekären Lebenslagen in Ländern des Globalen
Nordens (insbesondere Großbritannien, Kanada und USA), wobei die ‚food
deserts' der weiter verbreitete und inhaltlich breiter gefasste Begriff ist und
die ‚food swamps' als „a companion metaphor to food desert" (Elton, 2019,
S. 371) gelten können. Die Metapher ‚food swamp' hat in der deutschsprachigen
Fachliteratur kaum Einzug erhalten, lässt sich sinngemäß am treffendsten als ‚Le-
bensmittelsumpf' übersetzen. Sümpfe wiederum galten lange als krankmachende
Orte, in denen Krankheiten durch Moskitoschwärme übertragen werden und die
Gefahr durch angsteinflößende Kreaturen, die im trüben Wasser lauern – seien sie

der Fantasie entsprungen oder auch ganz real, wie beispielsweise Alligatoren – allgegenwärtig war (Elton, 2019). Die scheinbare Gefahr, die von diesen Orten ausgeht, wurde bildhaft von Gesundheitsforscher~innen auf urbane Räume – häufig auf einkommensschwache Stadtteile – übertragen, in denen eine Konzentration von Lebensmittelbetrieben herrscht, deren Angebot mit einer ungesunden Ernährungsweise assoziiert wird, wie beispielsweise Fast-Food-Restaurants (Minaker, 2016). Damit lässt sich der Begriff ‚food swamp' auch von einem weiteren Begriff differenzieren, der insbesondere in medizinischen Studien, aber auch in sozialwissenschaftlichen Veröffentlichungen, eine weite Verbreitung gefunden hat: dem der ‚obesogenic environment' (unter vielen: Bagwell, 2011; Burgoine et al., 2011; Colls & Evans, 2014; Guthman, 2013; Lake et al., 2010). Diese umfasst neben biologischen und anderen Umwelteinflüssen auch andere verhaltensbeeinflussende Faktoren (z. B. Werbung), wohingegen die ‚food swamps' explizit auf die Struktur des Lebensmittelangebotes in einem Gebiet bezogen werden. Letztere sind als Metapher nicht unumstritten, da die negativen Konnotationen zu Sümpfen nur bedingt zutreffend sind, nehmen diese als Orte hoher Biodiversität doch eine wichtige ökologische Funktion ein, tragen zu natürlichen Klärung des Wassers bei und stellen zudem ein wichtiges Reservoir zum Ausgleich von Hochwasserfluten dar (Elton, 2019).

Während im Konzept der ‚food swamps' die Gefahr also im Wesentlichen bedingt durch das hohe Aufkommen von Fast-Food-Restaurants gesehen wird, deutet der Begriff ‚food desert' eher auf einen Mangel hin. Tatsächlich werden unter diesen ‚Lebensmittelwüsten' (urbane) Orte verstanden, an denen für die Bewohner~innen kein oder nur ein sehr eingeschränkter Zugang zu gesunden Lebensmitteln besteht (Shaw, 2006). Die Zugangsbarrieren können in vielen Bereichen bestehen, werden jedoch hauptsächlich in ökonomischer (mangelnde Ausstattung eines Haushaltes mit finanziellem Kapital) sowie physischer (eingeschränkte Mobilität von Individuen) Hinsicht thematisiert. In empirischen Studien wurde (und wird) der Zugang zu gesunden Lebensmitteln häufig mit dem Zugang zu Supermärkten gleichgesetzt (Cummins et al., 2008; Cummins & Macintyre, 1999). Dies lässt sich damit begründen, dass Supermärkte als Vollsortimenter Lebensmittel im Angebot haben, die allgemein als gesund erachtet werden, wie beispielsweise frisches, unverarbeitetes Obst und Gemüse. Die Fokussierung auf den Zugang zu Supermärkten erscheint jedoch problematisch, da dadurch eine Vielzahl an Quellen frischer Lebensmittel ausgeschlossen werden, wie etwa Gemüse- und Obsthändler sowie lokale Wochenmärkte (Shannon, 2014). Gleichsam diskutabel ist auch die Zuschreibung eines Lebensmittels als gesund bzw. ungesund, da sich eine gesunde Ernährung aus einer Vielzahl von Lebensmitteln mit ganz unterschiedlichen Eigenschaften zusammensetzt. In empirischen Studien werden häufig Lebensmittel als gesund operationalisiert, die eine niedrige Energiedichte aufweisen und jene, die sehr fett- und zuckerreich sind, als ungesund (Wright et al., 2016).

Da der Zugang auch von der Erreichbarkeit abhängig ist, bilden räumliche Entfernungen häufig ein zentrales Kriterium und es werden Grenzwerte festgesetzt, beispielsweise für ‚fußläufige Entfernungen', die als zumutbar gelten (Morton & Blanchard, 2007). Diese pauschalen Normierungen können jedoch kritisch gesehen werden, da die körperlichen Voraussetzungen über verschiedene Bevölkerungsgruppen hinweg sehr unterschiedlich verteilt sind (Wright et al., 2016): Was für eine sportliche, junge Frau noch eine fußläufige Entfernung darstellt, kann für einen adipösen Senioren eine unüberwindbare Distanz darstellen. Damit wird auch bereits ersichtlich, dass das in Teilen (zumindest in den USA; als Beispiel sei hier die Let's Move Kampagne Michelle Obamas angeführt) vorherrschende positivistische Verständnis von ‚food desert' als „ein betrachtungsunabhängiger physischer Gegenstand, der sich mit Hilfe empirischer Methoden erfassen und beschreiben ließe" (Kühne, 2013, S. 130) durch eine sozialkonstruktivistische Perspektive ergänzt werden muss, die ‚food deserts' nicht als objektiv messbare räumliche Manifestationen begreift, sondern als eine Relationalität, die erst durch die Beziehungen bzw. Interaktionen von handelnden Akteuren konstruiert werden (Sedelmeier, 2019). In Anlehnung und Ergänzung an Shaws Klassifikation von ‚food deserts', der die gängigen Zugangsbarrieren ‚ability' (körperliche Fähigkeiten) und ‚asset' (finanzielle Mittel) durch den Faktor der individuellen Einstellungen (‚attitude'), beispielsweise in Form von Nahrungstabus, ergänzt hat (Shaw, 2006), sollen diese drei Dimensionen um den Faktor des Sozialkapitals erweitert werden, da dieses eine Kompensation von Defiziten in den anderen drei Bereichen ermöglicht (Sedelmeier, 2019).

Empfohlene Literatur:

- Elton (2019): Diese kritische Auseinandersetzung mit dem Begriff der ‚food swamps' ist hochinteressant.
- Shaw (2006): Der Aufsatz ist immer noch aktuell und stellt den ersten Versuch einer Klassifizierung von ‚food deserts' dar.
- Vonthron et al. (2020): Wer mehr über die verschiedenen Forschungszweige innerhalb der ‚foodscapes' erfahren möchte, findet hier einen guten ersten Überblick.

Die Auswirkung von politischen bzw. gesellschaftlichen Systemen auf ,foodscapes' {#5}

5

Die Ausprägung von ,foodscapes' ist stark von gesellschaftlichen Rahmenbedingungen abhängig. Diese wiederum sind stark an die weltanschauliche/politische Prägung der Gesellschaft gebunden. Die Auswirkungen unterschiedlicher politischer bzw. gesellschaftlicher Systeme auf materielle Räume wurde in zahlreichen Publikationen diskutiert (etwa bei: Kirchhoff, 2019; Kirchhoff & Trepl, 2001; Kühne, 2011, 2015; Kühne et al., 2015; Vicenzotti, 2011), insofern werden wir die Ergebnisse im Folgenden – auf ,foodscapes' fokussiert – knapp vorstellen. Wir folgen dabei der Reihenfolge des historischen Auftretens der politischen Ideensysteme und beginnen mit Überlegungen zum liberalen Staat, stellen dann wesentliche Aspekte einer sozialistischen Gesellschaft vor und leiten dann zum Sozialstaat über, wie er für die westeuropäischen Gesellschaften charakteristisch ist, die sich als zwischen den Polen der liberalen und der sozialistischen Gesellschaft angesiedelt verstehen lassen (etwa: Fassmann, 2009).

Wesentliche Grundzüge des Liberalismus liegen in folgenden Axiomen: Der Mensch sei frei geboren, mit gleichen Rechten ausgestattet, von Natur aus gut und mit Vernunft versehen. Politisch fordert der Liberalismus die „Verteidigung bestimmter individueller Rechte und Freiheiten wie Meinungsfreiheit, Unterlassung von Diskriminierung aufgrund von Rasse, Geschlecht oder Staatsangehörigkeit, Verfahrensrechte (z. B. das Recht auf Verteidigung) sowie politische Rechte auf demokratische Partizipation und Beteiligung an Wahlen" (Rivera López, 1995, S. 17). Aus diesen grundsätzlichen Überlegungen leitet sich für ihn die Marktwirtschaft als Wirtschaftsform ab, wie sie die einzige Form des Wirtschaftens sei, „die mit dem individuellen Grundrecht der Freiheit in Übereinstimmung steht und die besten Rahmenbedingungen für eine selbstverantwortliche Lebensgestaltung bietet" (Kersting, 2009, S. 29). Wird dies als gesellschaftlicher Rahmen verstanden, hat es Konsequenzen im Umgang mit Räumen und nicht zuletzt auf sogenannte ,foodscapes': Die starke Ausrichtung von

T. Sedelmeier et al., *Foodscapes/Nahrungslundschaften*, essentials, https://doi.org/10.1007/978-3-658-35872-3_5

Produktion, Transport und Verteilung von Nahrungsmitteln auf Kriterien der ökomischen Effizienz bedeutet in der Produktion eine rationelle Landwirtschaft in großen Einheiten (große Schläge in der Landbewirtschaftung, Massentierhaltung etc.; siehe auch: Ipsen, 2006), im Transport eine Präferenz des Transportsystems mit geringen Kosten (von Pick-up-Truck über Eisenbahn bis Flugzeug oder Containerschiff) und in der Verteilung ein Sortiment, das bei der Kundschaft nachgefragt wird. Dieses Sortiment kann infolge der starken ökonomischen und (damit verbunden) milieuspezifischen Kundschaft sehr stark differieren, was sich insbesondere in den Vereinigten Staaten mit ihrer ausgeprägten marktwirtschaftlichen Orientierung zeigt (siehe Fallbeispiel in Abschn. 6.2). Da nicht zuletzt Armut und verminderte Zugänge zu gesunden Lebensmitteln und Bildung mit der Einschränkung der Grundrechte verbunden sind, sehen Liberale, die individuelle Lebenschancen in den Mittelpunkt ihrer Überlegungen stellen, die Aufgaben des Staates weiter als bei der Herstellung eines verlässlichen Rechtsrahmen und der Garantie innerer und äußerer Sicherheit (etwa: Dahrendorf, 1979; Rawls, 1993).

Sozialisten sehen die durch den Liberalismus formulierten Gleichheitsrechte als unvollständig, da sich diese allein auf politische, nicht aber auf wirtschaftliche Teilhabe, erstreckten (Marx, 2014). Entsprechend werden die Enteignung und Sozialisierung von Produktionsmitteln als Voraussetzung für eine egalitäre Gesellschaft angesehen. In Bezug auf ‚foodscapes' verbindet sich damit ein Anspruch des Menschen auf den Zugang zu ‚gesunden Lebensmitteln', unabhängig vom Wohnort (der sozioökonomische Status fällt in einer egalisierten Gesellschaft nicht ins Gewicht). Bemühungen, sozialistische Ideen umzusetzen, zeitigten mit dem ‚Realsozialismus' jedoch Ergebnisse, die eine Divergenz zu den Idealen auswiesen: Die Enteignung von Produktionsmitteln war in der Regel mit einer Tötung, Vertreibung oder zumindest inneren Emigration der vormaligen Eigentümer~innen verbunden, der einen Verlust spezifischer Kenntnisse der technischen, organisatorischen und wirtschaftlichen Beherrschung von Produktionsmitteln nach sich zog, was mit einem Effizienzverlust verbunden war, der häufig größer war, als die Gewinne für diejenigen, die von den Enteignungen profitieren sollten. Auf deren Enttäuschung wurde mit Repressalien reagiert, was nicht zuletzt die Wirtschaft ineffizienter machte. Die entstehende ‚Mangelwirtschaft' (Kornai, 1980) hatte – in Verbindung mit Bemühungen um ‚Urbanisierung des Landlebens' zur Schaffung egalitärer Lebensbedingungen (und Vorbild konnte nur die Stadt als Sitz der Arbeiterschaft, normativ Motor des Sozialismus sein) – deutliche Auswirkungen auf ‚foodscapes': Die physischen Räume der Produktion wurden an den Bedingungen der Massenproduktion ausgerichtet, der Transport erfolgte über überlastete Transportwege, der Vertrieb über zentral gesteuerte Einheiten, verbunden mit dem verbreiteten Absentismus der Belegschaften auf allen Ebenen, was zu einer verlustreichen Fokussierung auf die Erzeugung und Verteilung billiger Nahrungsmittel führte – und die Produktion gesunder Nahrungsmittel (der eigentlichen Idee des Sozialismus widersprechend), der privaten Initiative in Hausgärten oder Wochenendwohnanlagen überantwortet wurde. Umfassende zentralstaatliche Einflüsse hätten zwar auch eine andere Organisation des Raumes ermöglicht, jedoch verminderte nicht zuletzt der bürokratische Aufwand, die Bevorzugung der Produktion gegenüber der Verteilung (was insbesondere zu einer verzögerten Versorgung neu errichteter Quartiere auch mit Gütern des täglichen Bedarfs bedeutete), der Veraltungsgrad von Produktionsanlagen, das geringe Innovationspotenzial etc. im Realsozialismus eine – dem Ideal gerecht werdende – Versorgung aller Teile der Gesellschaft mit gesunden (und ohne größere ökologische Schäden) produzierten Lebensmitteln (unter vielen: Czepczyński, 2008; Degórska, 2007; Domański, 1997; Kornai, 1992; Kühne, 2002, 2003; Kühne et al., 2015; Smith, 1996).

Die sozialstaatliche Idee lässt sich als das Bemühen charakterisieren, die unintendierten Nebenfolgen der Umsetzung von liberalem und sozialistischem Ideal zu minimieren. Dies betrifft einerseits die Tendenzen der Chancenungleichheiten produzierenden Polarisierung einer einem klassisch-liberalen Ideal folgenden Gesellschaftsordnung, andererseits die ökonomischen Ineffizienzen des realsozialistischen Gesellschaftssystems (samt dessen politischen Repressionen). Dieses Ziel verfolgen die Sozialstaaten durch die Garantie politischer Freiheitsrechte, staatliche Transferleistungen. Dies ist für das Thema ‚foodscapes' von Bedeutung, da staatlich Eingriffe in die Verfügungsrechte privater Landnutzung bestehen (Rothstein, 2001; Scharpf, 1998). So behält sich der Sozialstaat vor, die Art und den Umfang der Nutzung einer Fläche zu regulieren (ob etwa eine Parzelle der Wohnbebauung, der gewerblichen oder der landwirtschaftlichen Tätigkeit etc. gewidmet wird, auch lässt sich planerisch regulieren, wie hoch der Anteil der Bebauung einer Fläche ist, wie viele Stockwerke Gebäude ausweisen dürfen u. a.), auch greift er sowohl ordnungsrechtlich (etwa über die Baunutzungsverordnung oder das Nachbarschaftsrecht) in konkrete Nutzung und Gestaltung von Flächen und über das Förderrecht (etwa in der Landwirtschaft) in die Intensität der Nutzung ein. Eine rein auf Effizienz ausgerichtete Flächennutzung wird so zumindest erschwert, bei dem Transport von Nahrungsmitteln (nicht allein diesen) fließen Überlegungen zur Minimierung von Nebenfolgen (etwa ökologischer Art) ein, gleiches gilt in Bezug auf die Steuerung des Einzelhandels durch die Ausweisung von Flächen für diese Nutzung, wobei die Sortimentsausstattung wiederum dem unternehmerischen Kalkül vorbehalten bleibt (ebenso die Kalkulation, ob sich ein Geschäft auf der vorgesehenen Fläche rentabel betreiben lässt; siehe dazu auch Chilla et al., 2016; Heinritz et al., 2003; Kulke, 2001; Langhagen-Rohrbach, 2010).

Empfohlene Literatur:

- Domański (1997): Umfassender Einblick in die Logiken realsozialistischer Raumgestaltung, mit dem Fokus auf städtische Entwicklungen.
- Kirchhoff (2019): Fundierter, aber dennoch knapper Überblick über den Zusammenhang politischer Ideen in Bezug auf Landschaft.
- Langhagen-Rohrbach (2010): Einblick in die Möglichkeiten und Grenzen der staatlich-administrativen Ordnung von Räumen, am Beispiel der Bundesrepublik Deutschland.

‚Poverty foodscapes' – Zwei Fallbeispiele

6

Die im folgenden vorgestellten Fallbeispiele beziehen sich auf einen Sozialstaat (Deutschland) sowie einen Staat mit stark marktwirtschaftlicher Prägung (Vereinigte Staaten), um aktuelle Entwicklungen von ‚foodscapes' zu vertiefen. Da es sich bei ‚foodscapes' realsozialistischer Staaten heute eher um historische Aufnahmen handelt, haben wir auf die Aufnahme eines solchen Fallbeispiels verzichtet.

Im zweiten Fallbeispiel zeigen wir zudem, am Beispiel von Baton Rouge, Louisiana, wie eine theoretische und methodische Weitung der ‚foodscapes'-Forschung erfolgen kann.

6.1 Tafeln

Wie in Kap. 4 gezeigt wurde, ist der Zugang zu ‚foodscapes' von mehreren Dimensionen abhängig, darunter auch die Erschwinglichkeit, die sich im Zusammenspiel zwischen den Preisen des Lebensmittelangebotes und der Ausstattung einer Person bzw. Haushaltes mit finanziellem Kapital ergibt (Clary et al., 2017). Trotz – im europäischen Vergleich – relativ niedriger Lebensmittelpreise und eines vergleichsweise leistungsstarken Sozialstaates besteht auch in Deutschland für eine wachsende Zahl von Menschen, aufgrund steigender Lebensunterhaltskosten in anderen Bereichen, der Zwang, Kosten bei den Ausgaben für Lebensmittel einzusparen (Sedelmeier, 2011). In diese Versorgungslücken stoßen seit Mitte der 1990er Jahre die Lebensmittel-Tafeln. Vor diesem Hintergrund stellt sich die Frage, ob diese Einrichtungen die Nahrungslandschaften sozial schlechter gestellter Menschen sinnvoll ergänzen können und damit einen Beitrag zur Überwindung prekärer Lebenssituationen leisten.

© Der/die Autor(en), exklusiv lizenziert durch Springer Fachmedien Wiesbaden GmbH, ein Teil von Springer Nature 2021
T. Sedelmeier et al., *Foodscapes/Nahrungslundschaften*, essentials, https://doi.org/10.1007/978-3-658-35872-3_6

Die erste Tafel wurde 1993 in Berlin gegründet, als Vorbild diente ‚Feeding America', eine US-amerikanische Nonprofit-Organisation, die nicht mehr verkehrsfähige Lebensmittel bei Supermärkten einsammelt und an Bedürftige weitergibt (Grell, 2010). Die Berliner Tafel agierte bis Ende 2004 als reine Liefer-Tafel: Sie belieferte Frauenhäuser, Obdachlosenunterkünfte und andere soziale Einrichtungen, hatte aber keine eigenen Ausgabestellen bzw. Tafelläden. Erst seit 2005 betreibt sie in Kooperation mit Kirchengemeinden im Berliner Stadtgebiet Ausgabestellen (Sedelmeier, 2011). Die meisten Tafeln in Deutschland führen eigene Ausgabestellen, in denen sich die Nutzer~innen mit Lebensmitteln versorgen können, nachdem sie den Nachweis ihrer Bedürftigkeit erbracht haben (i. d. R. Bezug von Leistungen der sozialen Grundsicherung, beispielsweise Arbeitslosengeld II). Die Ausgabe erfolgt dabei gegen ein geringes Entgelt, die sogenannte symbolische Münze (zumeist ein bzw. zwei Euro), es existieren aber auch – überwiegend in Süddeutschland – Tafeln, die die Lebensmittel einzeln auspreisen und diese für einen Preis von 10–20 % des ursprünglichen Ladenpreises an die Nutzer~innen verkaufen (Sedelmeier, 2011, 2018). Wenn an dieser Stelle von Nutzer~innen und nicht von Kund~innen gesprochen wird, so erfolgt dies ganz bewusst: Kund~innen „treten mit Kaufkraft ausgestattet auf, sind souverän, wählen Angebot und Anbieter aus. Doch all dies trifft auf die Tafel-Kunden nicht zu, denn sie können nicht auswählen, sondern müssen nehmen, was die Überflussgesellschaft übriggelassen hat" (Segbers, 2011, S. 480).

Das Angebot der Tafeln besteht vor allem aus Lebensmitteln, die nur über eine begrenzte Haltbarkeit verfügen und i. d. R. kurz vor dem Ablauf des Mindesthaltbarkeitsdatums stehen oder dieses bereits überschritten haben, aber noch verzehrfähig sind, und frischen Lebensmitteln, wie unverarbeitetes Obst und Gemüse, die von den Lebensmitteleinzelhändlern nicht mehr an ihre Kundschaft verkauft und an die Tafel gespendet werden. Waren, die für längere Zeit haltbar sind, sogenanntes ‚dry food' wie etwa Kaffee und Nudeln, sind dagegen kaum im Sortiment vertreten (Sedelmeier, 2011). Neben Lebensmitteln bieten einige Tafeln inzwischen auch Produkte aus dem ‚Non-Food-Segment' an sowie immaterielle Angebote, wie etwa Kochkurse. Letztere können jedoch „von den Tafelnutzern wiederum auch als paternalistischer Übergriff empfunden werden" (Wolff, 2016, S. 7). Betrieben werden die Tafeln entweder in Trägerschaft (z. B. Caritas, Diakonie) oder in Form eingetragener Vereine. Der gemeinsame Dachverband der Tafeln ist die 1995 gegründete Tafel Deutschland e. V., die über die Einhaltung der Tafel-Grundsätze wacht, die Tafeln in ihrem Betrieb unterstützt sowie die Interessen auf Bundesebene (z. B. gegenüber der Politik) vertritt (Sedelmeier, 2011, 2018). Gerade die sozialpolitische Lobbyarbeit wird jedoch vielfach kritisiert (unter vielen: Sedelmeier, 2011; Selke, 2009), da diese unzureichend

sei: „Diese sozialpolitische Arbeit hat die ,Tafelbewegung' bisher sträflich vernachlässigt. Tafeln haben sich allzu naiv instrumentalisieren lassen und dadurch
sozialpolitische Rückschritte für die Menschen mit ermöglicht" (Bruckdorfer,
2013, S. 21).

Mangelndes politisches Engagement ist nicht der einzige Kritikpunkt, der an
die Tafeln herangetragen wird, stattdessen existiert eine Vielzahl an Gründen, die
dagegensprechen, dass die Tafeln eine Bereicherung der ,foodscapes' bedürftiger
Menschen sind. Einige der Argumente sollen im Folgenden angeführt werden.
Trotz der großen Anzahl von Tafeln, aktuell sind es ca. 950 in Deutschland
(Stand: Juli, 2021), gibt es bei der Verteilung deutliche regionale Schwerpunkte.
Im ländlichen Raum sowie insgesamt im Nordosten ist die Tafel-Dichte deutlich
geringer als im Süden Deutschlands und dies obwohl die gängigen Wohlstand-
sindikatoren (durchschnittliches Haushaltseinkommen, Vermögen etc.) in den
„neuen" Bundesländern niedriger und die üblichen Armutsindikatoren (z. B.
Armutsrisikoquote) höher sind. Dies spricht dafür, dass die Verbreitung von
Tafeln nicht mit dem Vorkommen von Armut korreliert – das Gegenteil ist sogar
der Fall (Sedelmeier, 2013). Neben der räumlichen Verteilung spielt auch das
Angebot eine entscheidende Rolle. Die Pro-Kopf-Menge an Lebensmitteln pro
Tafel-Nutzer~in war über die Jahre hinweg abnehmend (Normann, 2009). Das
bedeutet, dass das ohnehin schon sehr schwankende Angebot durch den quanti-
tativen Rückgang an Attraktivität verliert. Zugleich geht der Besuch der Tafeln
für einen erheblichen Teil der Nutzer~innen mit Beschämung und Stigmatisierung
einher (unter vielen: Molling, 2009; Sedelmeier, 2011; Selke, 2009; Selke, 2014),
was auch – neben dem öffentlichen Schlangestehen – darin begründet ist, dass
die Reziprozität außer Kraft gesetzt ist, da die Nutzer~innen die Lebensmittel
entgegennehmen, „ohne jedoch gleichzeitig eine adäquate Gegenleistung erbrin-
gen zu können" (Maar, 2010, S. 236). Dies ist umso gravierender, da sich mit
der Etablierung der Tafeln ein System entwickelt hat, das droht, sozialstaatliche
Rechte (und damit Armutsbekämpfung) Stück für Stück durch Armenfürsorge
(und damit Armutslinderung) zu ersetzen (unter vielen: Molling, 2009; Segbers,
2011; Selke, 2009).

6.2 Baton Rouge – Plank Road, von historischer und räumlicher Kontextualisierung einer ‚poverty foodscape' zu ihrem phänomenologischen Erleben

Die Hauptstadt Louisianas, Baton Rouge mit rund 230 tausend Einwohnern, gehört in Bezug auf ethnische Zugehörigkeit, Wahlverhalten und sozioökonomischen Status zu den fragmentiertesten Metropolen der Vereinigten Staaten (Dottle, 2019; Kühne & Jenal, 2020a). Insbesondere in einem Raum nahezu dreieckiger Grundrissgestalt, der von Florida Boulevard, Airline Highway und Interstate 110 begrenzt wird, leben vorwiegend Menschen afroamerikanischer Herkunft, die mit geringen Haushaltseinkommen, einem hohen Armutsrisiko, hohen Kriminalitätsraten, zugleich einer (selbst im Maßstab zum übrigen Baton Rouge) abgenutzten technischen Infrastruktur (was später noch thematisiert wird), einem verringerten Zugang zu höherer Bildung – und zu gesunden Nahrungsmitteln – konfrontiert sind (Abb. 6.1, 6.2). Aufgrund dieser Lebensbedingungen kennzeichnen Kühne und Jenal (2020a) diesen Raum in Rückgriff auf das Lebenschancen-Konzept von Ralf Dahrendorf (1979) als ‚triangle of reduced life chances'. Hier kulminieren globale, nationale, regionale, aber auch Baton Rouge-spezifisch lokale Entwicklungen, die an anderer Stelle ausführlicher behandelt wurden (Kühne et al., 2020; Kühne & Jenal, 2020a, b, 2021). Der globale Trend der Segregation wird in Baton Rouge verstärkt durch eine für den Süden der Vereinigten Staaten seit dem Ende der Sklaverei starke ethnische Polarisierung, die in Louisiana ohnehin traditionell geringe Neigung administrativer Durchdringung der Gesellschaft kulminiert in Baton Rouge in einer historisch entwickelten weitgehenden Abstinenz räumlicher Planung (siehe schon Bartholomew, 1945–1948; Brill, 1963). Die große Abhängigkeit der Wirtschaft Louisianas (und auch Baton Rouges) von der Petrochemischen Industrie führte im Kontext der Ölpreiskrise der 1980er (geringe Ölpreise) zum Abbau von gut bezahlten Arbeitsplätzen für Personen mit einer geringen Qualifikation, dies betraf in Baton Rouge insbesondere die afroamerikanische Bevölkerung östlich der Interstate 110 (westlich davon ist die Exxon-Raffinerie gelegen). Von der Entwicklung der und um die Louisiana State University (LSU, im Süden der Stadt gelegen) konnte die (afroamerikanische) Bevölkerung nördlich des Floridas Boulevards nicht oder nur mittelbar profitieren: Studierende, Lehrende und Verwaltungspersonal sind nicht-afroafrikanischer Herkunft (zumeist weiß), ihre Wohnsitze ballen sich (auch infolge der überlasteten Straßen) im Umfeld der Universität, was nicht zuletzt zu einer Gentrifizierung von Quartieren mit dominant afroamerikanischer Bevölkerung (und deren Verdrängung) führt.

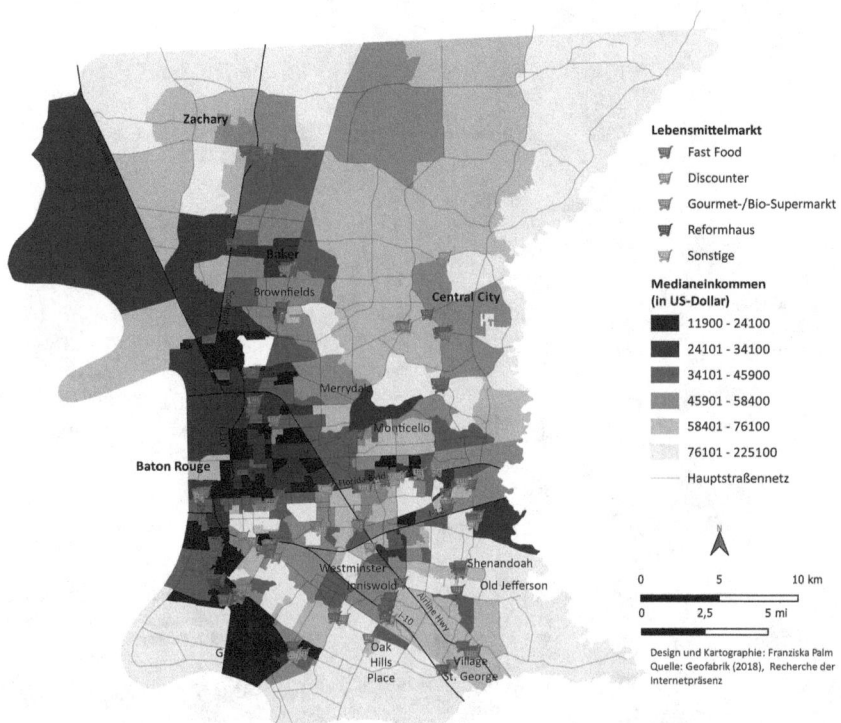

Abb. 6.1 Die Verteilung von Lebensmittelgeschäften in Baton Rouge 2021. (Karte: Franziska Palm (2021, im Druck), mit freundlicher Abdruckerlaubnis)

Ist die Versorgung mit (gesunden) Lebensmitteln nicht an der Steigerung von Lebenschancen, sondern an Kriterien der Wirtschaftlichkeit ausgerichtet, entsteht eine Situation, wie sie in Baton Rouge vorzufinden ist: die wenigen Lebensmittelgeschäfte führen ein Sortiment, das hochkalorische Nahrungsmittel zu einem geringen Preis bietet. Ein im Rahmen eines ,phänomenologischen Spaziergangs' (von Corinna Jenal und Olaf Kühne) entlang der Plank Road, die das ,triangle of reduced life chances' durchquert, aufgesuchter Supermarkt machte diese Entwicklung leiblich erfahrbar: Großgebinde von Fertigburgern und French Fries, billige Süßgetränke in großvolumigen Behältnissen dominierten das Nahrungsangebot, flankiert von teilweise leeren Regalen, in denen – wenn vorhanden – ein Basisangebot für Grundbedürfnisse dargeboten wurde (Putzmittel, Müllbeutel,

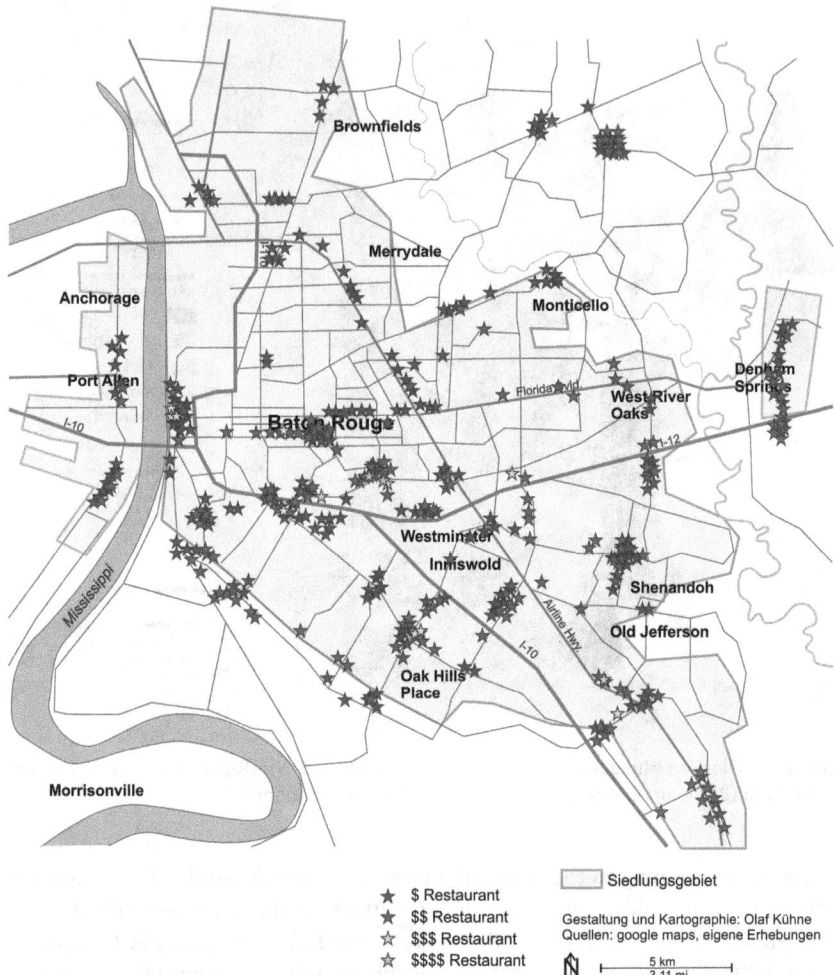

Abb. 6.2 Die Verteilung von Restaurants in Baton Rouge und ihre Preiszuordnung nach google maps. (Leicht verändert aus: Kühne & Jenal, 2020a)

Eimer, einige Werkzeuge geringen Preises und ebensolcher Qualität). Der Supermarkt vermittelte den Eindruck, Gebäude wie auch Inneneinrichtung seien seit Errichtung (Architektur der 1960er Jahre) kaum Renovierungsbemühungen zuteilgeworden. Der Umgang des Personals mit (den wenigen Kunden) war von einer beherzten Ruppigkeit geprägt. Dieser Supermarkt war auch der einzige auf der Plank Road, einer vor der Ölkrise florierenden Einkaufsstraße. Von diesen Zeiten zeugen noch teilzerstörte Lichtreklamen, verblichene Geschäftsschilder über zugenagelten Fenstern, von (betriebsbereiten Autos freien) Parkplätze vor geschlossenen Geschäften. Die wenigen ökonomischen Aktivitäten beschränken sich weitgehend auf den Verkauf von Alkohol (Liquor Stores), billiger Fertiggerichte, es finden sich mehrere (insbesondere durch Gitter vor den Fenstern) Pfandleihhäuser. Dass private Sicherheitsvorsorge entlang der Plank Road eine existentielle Bedeutung hat, dokumentieren Einschusslöcher in Gebäuden. Müll (häufig Verpackungen der eingangs erwähnten hochkalorischen Lebensmittel) und anderer Unrat (bis hin zu einem weitgehen verwesten Kadaver eines Hundes in der Straßenrinne) sind optisch, teilweise olfaktorisch präsent. Die Gehwege entlang der Plank Road – sofern vorhanden – befinden sich in einem Zustand, der ein hohes Gefahrenpotenzial für Leib und Leben von zu Fuß Gehenden aufweist, insbesondere in Form von (ungesicherten) Schlaglöchern mit häufig mehreren Dezimetern Tiefe. Die Zahl der zu Fuß gehenden hält sich (entsprechend?) in Grenzen. Akustisch dominiert der Autoverkehr, besonders – temporär – präsent sind stark getunte Youngtimer-Limousinen bei denen sich kaum gedämpfte Auspuffanlagen und Audioanlagen (zumeist gespeist mit Baton Rouge-Rap) einen Wettbewerb um akustische Präsenz liefern. Diese Eindrücke stehen in einem seltsamen Widerspruch zu der insgesamt ruhigen und friedlichen bis freundlichen Atmosphäre, die sich zwischen den Forschenden (weißer Hautfarbe) und dem Ort und den sich hier aufhaltenden Menschen (afroamerikanischer Herkunft) aufspannt.

Fazit

7

Das Thema der ‚foodscapes' wird erst seit rund zweieinhalb Jahrzehnten wissen-schaftlicher Untersuchung unterzogen und hat sich seitdem als ein prosperieren-des Forschungsfeld mit weit über einhundert peer reviewten Veröffentlichungen entwickelt (Vonthron et al., 2020). Das vorliegende Essential bot hierzu einen theoretischen und thematischen Überblick. Letzterer zeigte die Vielfalt der The-men, von Produktion, Verteilung und Konsum von Lebensmitteln, die Problematik eines eingeschränkten Zugangs zu Nahrungsmitteln, aber auch die Abhängigkeit der Ausprägung von ‚foodscapes' von Gesellschaftssystemen (bzw. politischen Systemen).

Der theoretische Überblick schloss die ‚scape'-Perspektive an, also Syn-thesen von materiellen Objekten in relationaler Anordnung einerseits, soziale Konstruktionsprozesse andererseits. Dies ermöglicht den Rückgriff auf Theo-rien (aber auch Methoden) der Landschaftsforschung, deren Tradition weit mehr als zwei Jahrhunderte zurückreicht. Diese vergleichsweise junge Geschichte der ‚foodscapes'-Forschung entlastet sie zwar einerseits von den Konflikten um den Paradigmenwechsel im Zuge der (weitgehenden) Ablösung des essentialistischen Ansatzes, andererseits besteht auch noch ein großes Potenzial der Nutzung aktu-ell diskutierter unterschiedlicher theoretischer Perspektiven auf das Thema. So dominieren in der bisherigen Forschung zu ‚foodscapes' insbesondere positi-vistische, in Teilen auch sozialkonstruktivistische Rahmungen. Die Potenziale der übrigen theoretischen Perspektiven der aktuellen Landschaftsforschung sind bislang kaum gehoben. Dass dies durchaus möglich ist, hat das Fallbeispiel Baton Rouge in diesem ‚Essential' gezeigt, in dem u. a. ein phänomenologischer Zugang zu ‚foodscapes' gewählt wurde. Forschungen aus diskurstheoretischer Perspektive (etwa zur diskursiven Aktualisierung des Themas in sozialen Medien) sind ebenso ausstehend, wie eine radikalkonstruktivistisch-systemtheoretische

T. Sedelmeier et al., *Foodscapes/Nahrungslundschaften*, essentials, https://doi.org/10.1007/978-3-658-35872-3_7

Betrachtung (etwa zur Resonanz des Themas in unterschiedlichen gesellschaftlichen Teilsystemen). Gleiches gilt auch etwa für die Erfahrung von ‚food deserts‘ durch Betroffene und deren Bedeutungszuweisung an materielle Objekte aus Perspektive der Assemblage-Theorie. Auch könnte die Fokussierung der Vernetzung in ‚foodscapes‘ ein relevanter Anwendungsfall für die ANT sein.

Insofern bleibt die Synthese des aktuellen Standes der ‚foodscapes‘-Forschung noch in einem Zustand, der sich als ‚unvollständig-neopragmatisch‘ bezeichnen lässt. Die Anwendung nur weniger theoretischer Perspektiven lässt – der Scheinwerfermetapher Karl Poppers (2003) folgend, die wissenschaftliche Theorien mit Scheinwerfern vergleicht, die ein Forschungsobjekt beleuchten – somit zahlreiche Aspekte des komplexen Gegenstandes ‚foodscapes‘ noch nicht ausgeleuchtet. Hieraus ergibt sich ein großes Potenzial für künftige Forschungen zum Themenkomplex.

Was Sie aus diesem *essential* mitnehmen können

- Die wissenschaftliche Befassung mit foodscapes bzw. Nahrungslandschaften gewinnt nicht nur bei der Erforschung von Nahrungssystemen mit Fragen der Produktion, Verarbeitung, Transport, Vermarktung von Nahrungsmitteln, sondern auch in der Diskussion um Themen wie Urban Health, Lebenschancen, Verwundbarkeit u. v. m zunehmend an Bedeutung
- Bereits in der vergleichsweisen jungen Geschichte der Teildisziplin hat sich eine gewisse Multidimensionalität des Konzepts der foodscapes herausgebildet, welche sich zwar in verschiedene Ansätze (räumlich, sozialkulturwissenschaftlich, verhaltensorientiert, systemisch) gliedern lassen, dessen Potenzial mit Blick auf theoretische wie auch methodische Ansätze aus Sicht der Autoren angesichts der zunehmenden Bedeutung bislang jedoch kaum gehoben ist
- Das vorliegende Essential weist mögliche weitere Perspektiven zu foodscapesbezogener Forschung auf und regt zur Diskussion ihrer Erweiterung an

T. Sedelmeier et al., *Foodscapes/Nahrungslundschaften*, essentials, https://doi.org/10.1007/978-3-658-35872-3

Literatur

Aas, Ø., Qvenild, M., Wold, L. C., Jacobsen, G. B., & Ruud, A. (2017). Local opposition against high-voltage grids: Public responses to agency-caused science-policy trolls. *Journal of Environmental Policy & Planning, 19*(4), 347–359. https://doi.org/10.1080/152 3908X.2016.1213625.

Adema, P. (2006). *Festive foodscapes: Iconizing food and the shaping of identity and place.* University of Texas Press.

Adema, P. (2010). *Garlic capital of the world. Gilroy, garlic, and the making of a festive foodscape.* University Press of Mississippi.

Alban, E., Wolf, K., & Hauzar, D. (2000). *Regionalatlas Rhein-Main. Natur – Gesellschaft – Wirtschaft* (Veröffentlichungen der Gesellschaft für Regionalwissenschaftliche Forschung Rhein-Main (Regio Rhein-Main) e. V., Bd. 15). Selbstverlag „Rhein-Mainische Forschung".

Albert, G. (2005). *Hermeneutischer Positivismus und dialektischer Essentialismus Vilfredo Paretos.* VS Verlag.

Allen, C. D. (2011). On Actor-network theory and landscape. *Area, 43*(3), 274–280. https://doi.org/10.1111/j.1475-4762.2011.01026.x.

Andriessen, T., van der Horst, H., & Morrow, O. (2020). „Consumer is king": Staging consumer culture in a food aid organization. *Journal of Consumer Culture, 1–20.* https://doi.org/10.1177/1469540520935950.

Antrop, M. (2019). A brief history of landscape research. In P. Howard, I. Thompson, E. Waterton, & M. Atha (Hrsg.), *The Routledge companion to landscape studies* (2. Aufl., S. 1–16). Routledge.

Atkins, P. J. (1988). Redefining agricultural geography as the geography of food. *Area, 20*(3), 281–283.

Bagwell, S. (2011). The role of independent fast-food outlets in obesogenic environments: A case study of East London in the UK. *Environment and Planning A: Economy and Space, 43*(9), 2217–2236. https://doi.org/10.1068/a44110.

Bartholomew, H. (1945–1948). *The 25 Year-Parish plan for Metropolitan Baton Rouge. Louisiana.* Eigenverlag.

Berr, K., & Kühne, O. (2020). *„Und das ungeheure Bild der Landschaft …". The Genesis of Landscape Understanding in the German-speaking Regions.* Springer VS.

© Der/die Herausgeber bzw. der/die Autor(en), exklusiv lizenziert durch Springer Fachmedien Wiesbaden GmbH, ein Teil von Springer Nature 2021
T. Sedelmeier et al., *Foodscapes/Nahrungslundschaften*, essentials, https://doi.org/10.1007/978-3-658-35872-3

Berr, K., & Schenk, W. (2019). Begriffsgeschichte. In O. Kühne, F. Weber, K. Berr, & C. Jenal (Hrsg.), *Handbuch landschaft* (S. 23–38). Springer VS.

Bobek, H. (1948). Stellung und Bedeutung der Sozialgeographie. *Erdkunde, 2*(1/3), 118–125.

Bohle, H.-G. (1990). Von der Agrargeographie zur Nahrungsgeographie? Anmerkungen zu einer englischen Diskussion, mit Beispielen aus Indien. In B. Mohr, K. Sonntag, & J. Stadelbauer (Hrsg.), *Räumliche Strukturen im Wandel. Festschrift für W.D. Sick. Teil B: Beiträge zur Agrarwirtschaft der Tropen* (Freiburger Geographische Hefte, Bd. 30, S. 11–25). Selbstverlag der Universität Freiburg.

Bohle, H.-G., & Krüger, F. (1992). Perspektiven geographischer Nahrungskrisenforschung. *Die Erde – Journal of the Geographical Society of Berlin, 123*(4), 257–266.

Bourassa, S. C. (1991). *The aesthetics of landscape.* Belhaven Press.

Bowler, I. R., & Ilbery, B. W. (1987). Redefining agricultural geography. *Area, 19*(4), 327–332.

Brill, D. (1963). *Baton Rouge, LA. Aufstieg, Funktionen und Gestalt einer jungen Großstadt des neuen Industriegebietes am unteren Mississippi* (Schriften des Geographischen Instituts der Universität Kiel, Bd. 21,2). Selbstverlag des Geographischen Instituts der Universität Kiel.

Bruckdorfer, M. (2013). Das Verhältnis von Sozialer Arbeit und „Tafeln". Die Position der Diakonie Deutschland. *Sozial Extra: Zeitschrift für soziale Arbeit, 37*(5/6), 21–24. https://doi.org/10.1007/s12054-013-1011-4.

Burgoine, T., Alvanides, S., & Lake, A. A. (2011). Assessing the obesogenic environment of North East England. *Health and Place, 17*(3), 738–747. https://doi.org/10.1016/j.health place.2011.01.011.

Büttner, N. (2006). *Geschichte der Landschaftsmalerei.* Hirmer.

Chambers, R. (1989). Vulnerability. *Coping and policy. IDS-Bulletin, 20*(2), 1–7.

Chilla, T., Kühne, O., & Neufeld, M. (2016). *Regionalentwicklung* (UTB, Bd. 4566). Ulmer.

Chilla, T., Kühne, O., Weber, F., & Weber, F. (2015). „Neopragmatische" Argumente zur Vereinbarkeit von konzeptioneller Diskussion und Praxis der Regionalentwicklung. In O. Kühne & F. Weber (Hrsg.), *Bausteine der Regionalentwicklung* (S. 13–24). Springer VS.

Clary, C., Matthews, S. A., & Kestens, Y. (2017). Between exposure, access and use: Reconsidering foodscape influence on dietary behaviour. *Health and Place, 44,* 1–7. https://doi.org/10.1016/j.healthplace.2016.12.005.

Colls, R., & Evans, B. (2014). Making space for fat bodies? *Progress in Human Geography, 38*(6), 733–753. https://doi.org/10.1177/0309132513500373.

Colombino, A. (2014). The geography of food. *Bollettino della Società Geografica Italiana, 7*(13), 647–656.

Cosgrove, D. (1984). *Social formation and symbolic landscape.* University of Wisconsin Press.

Cummins, S., Findlay, A., Higgins, C., Petticrew, M., Sparks, L., & Thomson, H. (2008). Reducing inequalities in health and diet: Findings from a study on the impact of a food retail development. *Environment and Planning A: Economy and Space, 40*(2), 402–422. https://doi.org/10.1068/a38371.

Cummins, S., & Macintyre, S. (1999). The location of food stores in urban areas: A case study in Glasgow. *British Food Journal, 101*(7), 545–553. https://doi.org/10.1108/000707 09910279027.

Czepczyński, M. (2008). *Cultural landscapes of post-socialist cities. Representation of powers and needs.* Ashgate.

Dahrendorf, R. (1979). *Lebenschancen. Anläufe zur sozialen und politischen Theorie* (Suhrkamp-Taschenbuch, Bd. 559). Suhrkamp.

Degórska, B. (2007). Key problems in the relation between the environment and spatial development in Poland. *European Spatial Research and Policy, 14*(2), 53–81.

Denevan, W. M., & Mathewson, K. (Hrsg.). (2009). *Carl Sauer on culture and landscape. Readings and commentaries.* Louisiana State University Press.

Dittrich, C. (1995). *Ernährungssicherung und Entwicklung in Nordpakistan. Nahrungskrisen und Verwundbarkeit im peripheren Hochgebirgsraum* (Freiburger Studien zur geographischen Entwicklungsforschung, Bd. 11). Verlag für Entwicklungspolitik (Zugl.: Freiburg (Breisgau), Univ., Diss., 1994).

Domański, B. (1997). *Industrial control over the socialist town: Benevolence or exploitation?* Praeger.

Dottle, R. (FiveThirtyEight, Hrsg.). (2019). Where Democrats And Republicans Live In Your City. Republicans and Democrats tend not to live side-by-side, even when they live in the same city. https://projects.fivethirtyeight.com/republicans-democrats-cities/. Zugegriffen: 13. Dez. 2019.

Drescher, A. W. (1995). Traditionelle und rezente Landnutzung und Ernährungssicherung im Sambestial (Gwembe-Distrikt/Südsambia). *Petermanns Geographische Mitteilungen, 139*(5–6), 305–322.

Drexler, D. (2013). Die Wahrnehmung der Landschaft – Ein Blick auf das englische, französische und ungarische Landschaftsverständnis. In D. Bruns & O. Kühne (Hrsg.), *Landschaften: Theorie, Praxis und internationale Bezüge. Impulse zum Landschaftsbegriff mit seinen ästhetischen, ökonomischen, sozialen und philosophischen Bezügen mit dem Ziel, die Verbindung von Theorie und Planungspraxis zu stärken* (S. 37–54). Oceano.

Eisel, U. (1982). Die schöne Landschaft als kritische Utopie oder als konservatives Relikt. Über die Kristallisation gegnerischer politischer Philosophien im Symbol „Landschaft". *Soziale Welt – Zeitschrift für Sozialwissenschaftliche Forschung, 33*(2), 157–168.

Eisel, U. (2009). *Landschaft und Gesellschaft. Räumliches Denken im Visier* (Raumproduktionen: Theorie und gesellschaftliche Praxis, Bd. 5). Westfälisches Dampfboot.

Elton, S. (2019). Reconsidering the retail foodscape from a posthumanist and ecological determinants of health perspective: Wading out of the food swamp. *Critical Public Health, 29*(3), 370–378. https://doi.org/10.1080/09581596.2018.1468870.

Fassmann, H. (2009). *Stadtgeographie I. Allgemeine Stadtgeographie (Das Geographische Seminar,* (2. Aufl., Bd. 1). Westermann.

Gailing, L., & Leibenath, M. (2012). Von der Schwierigkeit, „Landschaft" oder „Kulturlandschaft" allgemeingültig zu definieren. *Raumforschung und Raumordnung – Spatial Research and Planning, 70*(2), 95–106. https://doi.org/10.1007/s13147-011-0129-8.

Giddens, A. (1984). *The constitution of society. Outline of the theory of structuration.* University of California Press.

Glasze, G., & Mattissek, A. (2009). Diskursforschung in der Humangeographie: Konzeptionelle Grundlagen und empirische Operationalisierung. In G. Glasze & A. Mattissek (Hrsg.), *Handbuch Diskurs und Raum. Theorien und Methoden für die Humangeographie sowie die sozial- und kulturwissenschaftliche Raumforschung* (S. 11–59). transcript.

Goodman, D., DuPuis, E. M., & Goodman, M. K. (2011). *Alternative food networks. Knowledge, practice, and politics.* Routledge.

Greider, T., & Garkovich, L. (1994). Landscapes: The social construction of nature and the environment. *Rural Sociology, 59*(1), 1–24. https://doi.org/10.1111/j.1549-0831.1994.tb0 0519.x.

Grell, B. (2010). „Feeding America and the World". In S. Selke (Hrsg.), *Kritik der Tafeln in Deutschland: Standortbestimmungen zu einem ambivalenten sozialen Phänomen* (S. 129–146). VS Verlag. https://doi.org/10.1007/978-3-531-92611-7_6.

Grigg, D. (1995). The geography of food consumption: A review. *Progress in Human Geography, 19*(3), 338–354.

Grigg, D. (1999). The chaning geography of world food consumption in the second half of the Twentieth Century. *The Geographical Journal, 165*(1), 1–11.

Gruenter, R. (1975). Landschaft. Bemerkungen zu Wort und Bedeutungsgeschichte. In A. Ritter (Hrsg.), *Landschaft und Raum in der Erzählkunst* (Wege der Forschung, Bd. 418, S. 192–207). WBG (Erstveröffentlichung 1953).

Guthman, J. (2013). Too much food and too little sidewalk? Problematizing the obesogenic environment thesis. *Environment and Planning A: Economy and Space, 45*(1), 142–158. https://doi.org/10.1068/a45130.

Hall, S. (2001). Foucault: Power, knowledge and discourse. In M. Wetherell, S. Taylor, & S. J. Yates (Hrsg.), *Discourse theory and practice. A reader* (S. 72–81). SAGE.

Hard, G. (1969). Das Wort Landschaft und sein semantischer Hof. Zu Methode und Ergebnis eines linguistischen Tests. *Wirkendes Wort, 19,* 3–14.

Hard, G. (1977). Zu den Landschaftsbegriffen der Geographie. In A. Hartlieb von Wallthor & H. Quirin (Hrsg.), *„Landschaft" als interdisziplinäres Forschungsproblem. Vorträge und Diskussionen des Kolloquiums am 7./8. November 1975 in Münster* (S. 13–24). Aschendorff.

Hartke, W. (1956). Die „Sozialbrache" als Phänomen der geographischen Differenzierung der Landschaft. *Erdkunde, 10*(4), 257–269.

Heineberg, H. (2003). *Einführung in die Anthropogeographie, Humangeographie* (Grundriss allgemeine Geographie, Bd. 2445). Schöningh.

Heinritz, G., Klein, K., & Popp, M. (2003). *Geographische Handelsforschung.* Borntraeger.

Höfer, W., & Vicenzotti, V. (2013). From Brownfields to Postindustrial landscapes. Evolving concepts in North America and Europe. In P. Howard, I. Thompson & E. Waterton (Hrsg.), *The Routledge Companion to Landscape Studies* (S. 405–416). Routledge.

Hohl, H. (1977). Das Thema Landschaft in der deutschen Malerei des ausgehenden 18. und beginnenden 19. Jahrhunderts. In A. Hartlieb von Wallthor & H. Quirin (Hrsg.), *„Landschaft" als interdisziplinäres Forschungsproblem. Vorträge und Diskussionen des Kolloquiums am 7./8. November 1975 in Münster* (S. 45–53). Aschendorff.

Ipsen, D. (2006). *Ort und Landschaft.* VS Verlag.

Jenal, C. (2019). (Alt)Industrielandschaften. In O. Kühne, F. Weber, K. Berr, & C. Jenal (Hrsg.), *Handbuch Landschaft* (S. 831–841). Springer VS.

Kersting, W. (2009). *Verteidigung des Liberalismus.* Murmann.

Kirchhoff, T. (2019). Politische Weltanschauungen und Landschaft. In O. Kühne, F. Weber, K. Berr, & C. Jenal (Hrsg.), *Handbuch Landschaft* (S. 383–396). Springer VS.

Kirchhoff, T., & Trepl, L. (2001). Vom Wert der Biodiversität. Über konkurrierende politische Theorien in der Diskussion um Biodiversität. *Zeitschrift für angewandte Umweltforschung Sonderheft, 13*, 27–44.

Kornai, J. (1980). *Economics of shortage.* North-Holland Publications.

Kornai, J. (1992). *The socialist system. The political economy of communism.* Oxford University Press.

Kortländer, B. (1977). Die Landschaft in der Literatur des ausgehenden 18. und beginnenden 19. Jahrhunderts. In A. Hartlieb von Wallthor & H. Quirin (Hrsg.), *„Landschaft" als interdisziplinäres Forschungsproblem. Vorträge und Diskussionen des Kolloquiums am 7./8. November 1975 in Münster.* Aschendorff.

Krings, T. (1997). Hunger und Nahrungskrisen – Ein neues Feld der wirtschaftsgeographischen Entwicklungsländerforschung – Mit einer Fallstudie aus Mali/Westafrika. *Beiträge zur Bevölkerungs- und Sozialgeographie, 6*, 26–36.

Küchler, J., & Wang, X. (2009). Vielfältig und vieldeutig. Natur und Landschaft im Chinesischen. In T. Kirchhoff & L. Trepl (Hrsg.), *Vieldeutige Natur. Landschaft, Wildnis und Ökosystem als kulturgeschichtliche Phänomene* (Sozialtheorie, S. 201–220). transcript.

Kühne, O. (2002). Landwirtschaft und Arbeitslosigkeit im ländlichen Raum Polens – Eine Untersuchung in Hinblick auf die EU-Osterweiterung. *Osteuropa-Wirtschaft, 47*(2), 149–172.

Kühne, O. (2003). *Umwelt und Transformation in Polen. Eine kybernetisch-systemtheoretische Analyse* (Mainzer Geographische Studien, Bd. 51). Geographisches Institut der Johannes Gutenberg-Universität Mainz.

Kühne, O. (2008). Die Sozialisation von Landschaft – Sozialkonstruktivistische Überlegungen, empirische Befunde und Konsequenzen für den Umgang mit dem Thema Landschaft in Geographie und räumlicher Planung. *Geographische Zeitschrift, 96*(4), 189–206.

Kühne, O. (2011). Die Konstruktion von Landschaft aus Perspektive des politischen Liberalismus. Zusammenhänge zwischen politischen Theorien und Umgang mit Landschaft. *Naturschutz und Landschaftsplanung 43* (6), 171–176.

Kühne, O. (2013). *Landschaftstheorie und Landschaftspraxis. Eine Einführung aus sozialkonstruktivistischer Perspektive.* Springer VS.

Kühne, O. (2015). Weltanschauungen in regionalentwickelndem Handeln – Die Beispiele liberaler und konservativer Ideensysteme. In O. Kühne & F. Weber (Hrsg.), *Bausteine der Regionalentwicklung* (S. 55–69). Springer VS.

Kühne, O. (2016). Transformation, Hybridisierung, Streben nach Eindeutigkeit und Urbanizing former Suburbs (URFSURBS): Entwicklungen postmoderner Stadtlandhybride in Südkalifornien und in Altindustrieräumen Mitteleuropas – Beobachtungen aus der Perspektive sozialkonstruktivistischer Landschaftsforschung. In S. Hofmeister & O. Kühne (Hrsg.), *StadtLandschaften. Die neue Hybridität von Stadt und Land* (S. 13–36). Springer VS.

Kühne, O. (2018a). *Landschaftstheorie und Landschaftspraxis. Eine Einführung aus sozialkonstruktivistischer Perspektive* (2., aktualisierte und überarbeitete Aufl.). Springer VS.

Kühne, O. (2018b). Reboot „Regionale Geographie" – Ansätze einer neopragmatischen Rekonfiguration „horizontaler Geographien". *Berichte. Geographie und Landeskunde, 92*(2), 101–121.

Kühne, O. (2019a). *Landscape theories. A brief introduction.* Springer VS.

Kühne, O. (2019b). Vom ,Bösen' und ,Guten' in der Landschaft – Das Problem moralischer Kommunikation im Umgang mit Landschaft und ihren Konflikten. In K. Berr & C. Jenal (Hrsg.), *Landschaftskonflikte* (S. 131–142). Springer VS.

Kühne, O. (2019c). Zwischen Macht und Essenz, Konstrukt und Objekt? Wie Landschaftstheorien Deutungskonkurrenzen von Natur zeigen. *Stadt+Grün, 68*(12), 24–27.

Kühne, O., & Berr, K. (2021). *Wissenschaft, Raum, Gesellschaft. Eine Einführung zur sozialen Erzeugung von Wissen.* Springer VS.

Kühne, O., Berr, K., Schuster, K., & Jenal, C. (2021). *Freiheit und Landschaft. Auf der Suche nach Lebenschancen mit Ralf Dahrendorf.* Springer.

Kühne, O., Gawroński, K., & Hernik, J. (Hrsg.). (2015). *Transformation und Landschaft. Die Folgen sozialer Wandlungsprozesse auf Landschaft.* Springer VS.

Kühne, O., Hernik, J., & Gawroński, K. (2015). Fazit. In O. Kühne, K. Gawroński, & J. Hernik (Hrsg.), *Transformation und Landschaft. Die Folgen sozialer Wandlungsprozesse auf Landschaft* (S. 339–342). Springer VS.

Kühne, O., & Jenal, C. (2020a). *Baton Rouge – The multivillage metropolis. A Neopragmatic landscape biographical approach on spatial pastiches, hybridization, and differentiation.* Springer VS.

Kühne, O., & Jenal, C. (2020b). Stadtlandhybride Prozesse in Baton Rouge: Von der klassischen Downtown zur postmodernen Downtownsimulation. In R. Duttmann, O. Kühne, & F. Weber (Hrsg.), *Landschaft als Prozess* (S. 431–454). Springer VS.

Kühne, O., & Jenal, C. (2021). Baton Rouge – A neopragmatic regional geographic approach. *Urban Science, 5*(1), 1–17. https://doi.org/10.3390/urbansci5010017.

Kühne, O., Jenal, C., & Koegst, L. (2020). Postmoderne Siedlungsentwicklungen in Baton Rouge, Louisiana: Stadtlandhybridität und Raumpastiches zwischen Begrenzungen und Entgrenzungen. In F. Weber, C. Wille, B. Caesar, & J. Hollstegge (Hrsg.), *Geographien der Grenzen. Räume – Ordnungen – Verflechtungen* (S. 391–411). Springer VS.

Kulke, E. (2001). Entwicklungstendenzen suburbaner Einzelhandelslandschaften. In K. Brake, J. S. Dangschat, & G. Herfert (Hrsg.), *Suburbanisierung in Deutschland. Aktuelle Tendenzen* (S. 57–69). Leske+Budrich.

Lake, A. A. (2018). Neighbourhood food environments: Food choice, foodscapes and planning for health. *Proceedings of the Nutrition Society, 77*(3), 239–246. https://doi.org/10.1017/S0029665118000022.

Lake, A. A., Alvanides, S., & Townshend, T. G. (Hrsg.). (2010). *Obesogenic environments. Complexities, perceptions, and objective measures.* Wiley-Blackwell.

Langhagen-Rohrbach, C. (2010). *Raumordnung und Raumplanung* (2. Aufl.) (Geowissen kompakt). WBG.

Latour, B. (1996). *Petite réflexion sur le culte moderne des dieux Faitiches.* Synthélabo groupe.

Latour, B. (1997). The Trouble with Actor-Network Theory. *Soziale Welt – Zeitschrift für Sozialwissenschaftliche Forschung, 47*, 369–381.

Latour, B., & Roßler, G. (2007). *Eine neue Soziologie für eine neue Gesellschaft. Einführung in die Akteur-Netzwerk-Theorie.* Suhrkamp (Erstveröffentlichung 2005).

Lautensach, H. (1973). Über die Erfassung und Abgrenzung von Landschaftsräumen. In K. Paffen (Hrsg.), *Das Wesen der Landschaft* (Wege der Forschung, Bd. 39, S. 20–38). WBG (Erstveröffentlichung 1938).

Leibenath, M., & Otto, A. (2013). Windräder in Wolfhagen – Eine Fallstudie zur diskursiven Konstituierung von Landschaften. In M. Leibenath, S. Heiland, H. Kilper, & S. Tzschaschel (Hrsg.), *Wie werden Landschaften gemacht? Sozialwissenschaftliche Perspektiven auf die Konstituierung von Kulturlandschaften* (S. 205–236). transcript.

Lekan, T., & Zeller, T. (2005). The landscape of German environmental history. In T. Lekan & T. Zeller (Hrsg.), *Germany's nature. Cultural landscapes and environmental history* (S. 1–16). Rutgers University Press.

Lévi-Strauss, C., & Moldenhauer, E. (1976). *Das Rohe und das Gekochte (Suhrkamp-Taschenbuch Wissenschaft*, (1. Aufl., Bd. 167). Suhrkamp.

Lohnert, B. (1995). *Überleben am Rande der Stadt. Ernährungssicherungspolitik, Getreidehandel und verwundbare Gruppen in Mali; das Beispiel Mopti* (Freiburger Studien zur geographischen Entwicklungsforschung, Bd. 8). Verlag für Entwicklungspolitik (Zugl.: Freiburg (Breisgau), Univ., Diss., 1994).

Luhmann, N. (1986). *Ökologische Kommunikation. Kann die moderne Gesellschaft sich auf ökologische Gefährdungen einstellen?* Westdeutscher Verlag.

Maar, K. (2010). Tafeln aus der Perspektive der sozialpädagogischen NutzerInnenforschung. In S. Selke (Hrsg.), *Kritik der Tafeln in Deutschland: Standortbestimmungen zu einem ambivalenten sozialen Phänomen* (S. 233–239). VS Verlag.

MacKendrick, N. (2014). *Foodscape. Contexts, 13*(3), 16–18. https://doi.org/10.1177/153650 4214545754.

Marx, K. (2014). *Das Kapital. Kritik der politischen Ökonomie* (Ungekürzte Ausgabe nach der 2. Auflage von 1872). Nikol (Erstveröffentlichung 1872).

Miewald, C., & McCann, E. (2014). Foodscapes and the geographies of poverty: Sustenance, strategy, and politics in an Urban Neighborhood. *Antipode, 46*(2), 537–556. https://doi.org/10.1111/anti.12057.

Minaker, L. M. (2016). Retail food environments in Canada: Maximizing the impact of research, policy and practice. *Canadian journal of public health = Revue canadienne de sante publique, 107*(1), 1–3. https://doi.org/10.17269/cjph.107.5632.

Molling, L. (2009). Die Berliner Tafel zwischen Sozialstaatsabbau und neuer Armenfürsorge. In S. Selke (Hrsg.), *Tafeln in Deutschland: Aspekte einer sozialen Bewegung zwischen Nahrungsmittelumverteilung und Armutsintervention* (S. 175–196). VS Verlag.

Morton, L. W., & Blanchard, T. C. (2007). Starved for access: Life in Rural America's food deserts. *Rural Realities, 1*(4), 1–10.

Müller, G. (1977). Zur Geschichte des Wortes Landschaft. In A. Hartlieb von Wallthor & H. Quirin (Hrsg.), *„Landschaft" als interdisziplinäres Forschungsproblem. Vorträge und Diskussionen des Kolloquiums am 7./8. November 1975 in Münster* (S. 3–13). Aschendorff.

Müller, M. (2015). Assemblages and Actor-networks: Rethinking Socio-material Power. *Politics and Space. Geography Compass, 9*(1), 27–41. https://doi.org/10.1111/gec3.12192.

Niles, D., & Roff, R. J. (2008). Shifting agrifood systems: The contemporary geography of food and agriculture; an introduction. *GeoJournal, 73*(1), 1–10. https://doi.org/10.1007/s10708-008-9174-4.

Otremba, E. (1953). *Allgemeine Agrar- und Industriegeographie* (Erde und Weltwirtschaft, Bd. 3). Franckh'sche Verlagshandlung W. Keller & Co.

Palm, F. (2021). Verwirklichungschancen und Mobilität in Baton Rouge. Eine Annäherung auf Grundlage Amartya Sens Capability-Ansatz. In O. Kühne, T. Sedelmeier, & C. Jenal (Hrsg.), *Louisiana – Mediengeographische Beiträge zu einer neopragmatischen Regionalen Geographie* (S. xx). Springer (im Druck).

Piepmeier, R. (1980). Das Ende der ästhetischen Kategorie „Landschaft". Zu einem Aspekt neuzeitlichen Naturverhältnisses. *Westfälische Forschungen – Zeitschrift des Westfälischen Instituts für Regionalgeschichte des Landschaftsverbandes Westfalen-Lippe, 30,* 8–46.

La polyphonie linguistique. (2009). *Langue française, 164*(4), 3–9.

Popper, K. R. (2003). *Die offene Gesellschaft und ihre Feinde. Bd. 1: Der Zauber Platons* (8. Aufl.). Mohr Siebeck (Erstveröffentlichung 1945).

Rawls, J. (1993). *Political liberalism.* Columbia University Press.

Rivera López, E. (1995). *Die moralischen Voraussetzungen des Liberalismus.* Alber.

Robinson, G. M. (2004). *Geographies of agriculture: Globalisation, restructuring and sustainability.* Routledge.

Rothstein, B. (2001). Social capital in the social democratic welfare state. *Politics & Society, 29*(2), 207–241. https://doi.org/10.1177/0032329201029002003.

Ruppert, K. (1984). Agrargeographie im Wandel. *Geographica Helvetica, 39*(4), 168–172.

Scharpf, F. W. (1998). Negative and positive integration in the political economy of European Welfare States. In G. Marks, F. W. Scharpf, P. C. Schmitter, & W. Streeck (Hrsg.), *Governance in the European Union* (S. 15–39). SAGE (Erstveröffentlichung 1996).

Schenk, W. (2013). Landschaft als zweifache sekundäre Bildung – Historische Aspekte im aktuellen Gebrauch von Landschaft im deutschsprachigen Raum, namentlich in der Geographie. In D. Bruns & O. Kühne (Hrsg.), *Landschaften: Theorie, Praxis und internationale Bezüge. Impulse zum Landschaftsbegriff mit seinen ästhetischen, ökonomischen, sozialen und philosophischen Bezügen mit dem Ziel, die Verbindung von Theorie und Planungspraxis zu stärken* (S. 23–36). Oceano.

Schmithüsen, J. (1968). Der wissenschaftliche Landschaftsbegriff. In R. Tüxen (Hrsg.), *Pflanzensoziologie und Landschaftsökologie (Berichte über die Internationalen Symposia der Internationalen Vereinigung für Vegetationskunde* (Bd. 7, S. 9–19). Springer.

Schönwald, A. (2015). Die Transformation von Altindustrielandschaften zwischen Kontinuität und Wandel. In O. Kühne, K. Gawroński, & J. Hernik (Hrsg.), *Transformation und Landschaft. Die Folgen sozialer Wandlungsprozesse auf Landschaft* (S. 63–73). Springer VS.

Schultze, J. H. (1973). Landschaft (1966/70). In K. Paffen (Hrsg.), *Das Wesen der Landschaft* (Wege der Forschung, Bd. 39, S. 202–222). WBG.

Schulz-Schaeffer, I. (2000). Akteur-Netzwerk-Theorie: Zur Koevolution von Gesellschaft, Natur und Technik. In J. Weyer & J. Abel (Hrsg.), *Soziale Netzwerke. Konzepte und Methoden der sozialwissenschaftlichen Netzwerkforschung* (Lehr- und Handbücher der Soziologie, S. 187–210). Oldenbourg Wissenschaftsverlag.

Sedelmeier, T. (2011). *Armut und Ernährung in Deutschland. Eine Untersuchung zur Rolle und Wirksamkeit der Tafeln bei der Lebensmittelausgabe an Bedürftige.* Mensch und Buch (Zugl.: Freiburg, Univ., Diss., 2011).

Sedelmeier, T. (2013). Süddeutschland ist »Tafelland«. Eine Analyse der räumlichen Diskrepanz zwischen Angebot und Bedarf der Lebensmittel-Tafeln. *Ethik und Gesellschaft, 1,* 1–18. https://doi.org/10.18156/EUG-1-2013-ART-6.

Sedelmeier, T. (2018). Urbane Nahrungslandschaften – Ungleicher Zugang zu Nahrungsmitteln. *Berichte. Geographie und Landeskunde, 92*(3–4), 267–277.

Sedelmeier, T. (2019). Food Deserts – Einblicke in Nahrungslandschaften. In K. Berr & C. Jenal (Hrsg.), *Landschaftskonflikte* (S. 687–698). Springer VS.

Segbers, F. (2011). Pflaster auf eine Wunde, die zu groß ist. Tafeln, Sozialkaufhäuser und andere Dienste zwischen Armutslinderung und Armutsüberwindung. In J. Eurich, F. Barth, K. Baumann, & G. Wegner (Hrsg.), *Kirchen aktiv gegen Armut und Ausgrenzung. Theologische Grundlagen und praktische Ansätze für Diakonie und Gemeinde* (S. 475–492). Kohlhammer.

Selke, S. (2009). *Fast ganz unten. Wie man in Deutschland durch die Hilfe von Lebensmitteltafeln satt wird* (2. Aufl.). Westfälisches Dampfboot.

Selke, S. (2014). *Lifelogging. Wie die digitale Selbstvermessung unsere Gesellschaft verändert.* Econ.

Sen, A. (1982). *Choice, welfare and measurement.* Blackwell.

Sen, A. (1985). *Commodities and capabilities.* North-Holland Publications.

Shannon, J. (2014). Food deserts: Governing obesity in the neoliberal city. *Progress in Human Geography, 38*(2), 248–266.

Shaw, H. J. (2006). Food deserts: Towards the development of a classification. *Geografiska Annaler: Series B, Human Geography, 88*(2), 231–247.

Sick, W.-D. (1983). *Agrargeographie* (Das Geographische Seminar). Westermann.

Smith, D. M. (1996). The socialist city. In G. D. Andrusz, I. Szelényi, & M. Harloe (Hrsg.), *Cities after socialism. Urban and regional change and conflict in post-socialist societies* (S. 286–317). Blackwell.

Sperk, C., & Kistemann, T. (2012). Food desert oder gesunde Stadt? Eine Untersuchung von Nahrungslandschaften in Bonn. *Berichte zur deutschen Landeskunde, 86*(2), 135–151.

Tilley, C. (1997). *A phenomenology of landscape. Places, paths and monuments* (Explorations in anthropology). Berg.

Trepl, L. (2012). *Die Idee der Landschaft. Eine Kulturgeschichte von der Aufklärung bis zur Ökologiebewegung.* transcript.

Tröger, S. (2004). *Handeln zur Ernährungssicherung im Zeichen gesellschaftlichen Umbruchs. Untersuchungen auf dem Ufipa-Plateau im Südwesten Tansanias* (Studien zur Geographischen Entwicklungsforschung, Bd. 27). Verlag für Entwicklungspolitik.

Troll, C. (1939). Luftbildplan und ökologische Bodenforschung. Ihr zweckmäßiger Einsatz für die wissenschaftliche Erforschung und praktische Erschließung wenig bekannter Länder. *Zeitschrift der Gesellschaft für Erdkunde zu Berlin, 7–8,* 241–298.

Tuan, Y.-F. (1989). Surface Phenomena and aesthetic experience. *Annals of the Association of American Geographers, 79*(2), 233–241. https://doi.org/10.1111/j.1467-8306.1989.tb00260.x.

Ueda, H. (2010). *A Study on Residential Landscape Perception through Landscape Image. Four Case Studies in German and Japanese Rural Communities.* Inaugural Dissertation. Kassel. https://kobra.bibliothek.uni-kassel.de/bitstream/urn:nbn:de:hebis:34-2009072029116/3/ThesisHirofumiUeda.pdf. Zugegriffen: 26. Apr. 2017.

van Wezemael, J., & Loepfe, M. (2009). Veränderte Prozesse der Entscheidungsfindung in der Raumentwicklung. *Geographica Helvetica, 64*(2), 106–118.

Vicenzotti, V. (2011). *Der »Zwischenstadt«-Diskurs. Eine Analyse zwischen Wildnis, Kulturlandschaft und Stadt.* transcript.

von Normann, K. (2009). Ernährungsarmut und „Tafelarbeit" in Deutschland. Distributions-politische Hintergründe und nonprofit-basierte Lösungsstrategien. In S. Selke (Hrsg.), *Tafeln in Deutschland: Aspekte einer sozialen Bewegung zwischen Nahrungsmittelumverteilung und Armutsintervention* (S. 85–106). VS Verlag.

Vonthron, S., Perrin, C., & Soulard, C.-T. (2020). Foodscape: A scoping review and a research agenda for food security-related studies. *PLoS ONE, 15*(5), 1–26. https://doi.org/10.1371/journal.pone.0233218.

Wakefield, S., Fleming, J., Klassen, C., & Skinner, A. (2012). Sweet Charity, revisited: Organizational responses to food insecurity in Hamilton and Toronto. *Canada. Critical Social Policy, 33*(3), 427–450. https://doi.org/10.1177/0261018312458487.

Warshawsky, D. N. (2010). New power relations served here: The growth of food banking in Chicago. *Geoforum, 41*(5), 763–775. https://doi.org/10.1016/j.geoforum.2010.04.008.

Weber, F. (2019). Landschaftskonflikte' aus poststrukturalistisch-diskurstheoretischer Perspektive. In K. Berr & C. Jenal (Hrsg.), *Landschaftskonflikte* (S. 51–64). Springer VS.

Whatmore, S., Stassart, P., & Renting, H. (2003). What's alternative about alternative food networks? *Environment and Planning A, 35*(3), 389–391. https://doi.org/10.1068/a3621.

Winchester, H. P. M., Kong, L., & Dunn, K. (2003). *Landscapes. Ways of imagining the world.* Routledge.

Wolff, M. (2016). Was bringen die Tafeln? Eine kritische Betrachtung aus Nutzer-Perspektive. *Ethik und Gesellschaft, 1–18.* https://doi.org/10.18156/EUG-2-2016-ART-8.

Wright, J. D., Donley, A. M., Gualtieri, M. C., & Strickhouser, S. M. (2016). Food deserts: What is the problem? What is the solution? *Society, 53*(2), 171–181. https://doi.org/10.1007/s12115-016-9993-8.

Wylie, J. (2007). *Landscape.* Routledge.

Yasmeen, G. (1996). *Bangkok's foodscape: Public eating, gender relations and urban change.* Dissertation, University of British Columbia. Vancouver. https://open.library.ubc.ca/cIRcle/collections/ubctheses/831/items/1.0088160. Zugegriffen: 30. März 2021.